4·16구술증언록 단원고 2학년 3반 제11권

그날을 말하다

도언 아빠 김기백

이 도서의 국립중앙도서관 출판예정도서목록(CIP)은 서지정보유통지원시스템 홈페이지(http://seoji.nl.go.kr)와
국가자료공동목록시스템(http://www.nl.go.kr/kolisnet)에서 이용하실 수 있습니다.
CIP제어번호: CIP2019008305

4·16구술증언록 단원고 2학년 3반 제11권

그날을 말하다

도언 아빠 김기백

4·16기억저장소 기획 편집
(사) 4·16세월호참사가족협의회 지원 협조

한울

일러두기

1. 음절로 식별 가능한 소리를 들리는 대로 전사하는 것을 원칙으로 한다.
2. 의미를 파악하기 위해 추가 설명이 필요할 경우 [ ]로 표시한다.
3. 몸짓, 어조 등 비언어적 행위는 ( )로 표시한다.
4. 구술자가 말을 잇지 못해 말줄임표를 사용하는 경우 ……, …로 길고 짧음을 표시한다.
5. 비공개 영역은 〈비공개〉로 표시한다.
6. 비공개해야 하는 희생자 형제자매의 이름은 ○○, △△ 등의 도형기호로, 생존자의 이름은 A, B, C 등 알파
   벳 대문자로 표시한다.
7. 비공개해야 하는 제3자는 직분이나 소속, 성만 공개하고, 이름은 ××로 표시한다. 비공개해야 하는 숫자는
   자릿수에 상관없이 □로 표시하며, 지명은 □□로 표시한다.

4·16기억저장소에서는 세월호 참사 5주기를 맞아 구술증언 수집 사업의 결과물 일부를 100권의 책으로 발간하게 되었습니다. 이 사업은 2015년 6월부터 다양한 학문 분야 구술 연구자들의 자발적인 참여로 진행되어 왔으며, 세월호 참사를 좀 더 정확하고 다각적으로 기록하고 기억하고자 하는 노력의 일환으로 수행되었습니다.

2014년 참사 발생 이후, 참사 피해자들의 목격담과 경험은 안타깝게도 공식적인 국가기관과 언론의 기록 속에서 철저히 소외되거나 왜곡되었습니다. 그것은 세월호 참사가 우리에게 안긴 죽음과 고통의 충격만큼이나 우리 사회의 끔찍한 비극이었습니다. 따라서 사업을 진행하면서 세월호 참사 희생자 가족, 생존자, 생존자 가족, 어민, 잠수사, 활동가, 기자 등등, 참사의 초기 과정을 직접 경험한 분들의 증언을 우선적으로 수집했습니다. 구술자는 이 사업의 취지와 방식에 개인적으로 동의한 분 중에서 선정했으며, 참여 과정에 어떠한 금전적 보상이나 이익이 제공되지 않았습니다. 또한 구술증언 수집 사업을 진행하는 동안, 면담자는 연구자이자 참사를 겪은 공동체 시민으로서 최대한 윤리적이고자 노력했습니다.

구술자마다 매회 약 2시간씩 3회를 원칙으로 음성 녹취와 영상 촬영을 하는 방식으로 진행되었고, 증언의 일관성을 확보하기 위해 면담자는 큰 틀에서 공통 질문지를 사용했습니다. 공통 질문지의 내용은 참사와 구술자 간의 관계성에 따라 차이가 있지만, 유가족 구술의 경우 1회차 '참사 이전의 삶, 팽목항과 진도에서의 경험, 자녀에 대한 기억'을, 2회차 '참사 이후 투쟁과 공동체 활동 경험'을, 3회차 '참사 이후 개인 및 가족이 경험한 삶의 변화와 깨달음, 자녀의 현재적 의미'를 중심으로 했습니다. 이처럼 증언 내용은 참사 이전에서 시작해 참사 발생 당시의 경험과 이후의 변화 과정까지 폭넓게 수집했고, 면담자는 구술 채록 과정에서 구술자의 발화를 최대한 존중하고자 했으며, 무엇보다 각자의 특수한 경험과 다른 시각을 충실히 반영하고자 했습니다.

이 구술증언록의 발간을 위해, 채록된 음성 자료는 문서로 변환해 구술자와 함께 검토했고, 현재 시점에서 공개할 수 있는 영역과 할 수 없는 영역으로 구별했습니다. 따라서 책에 실린 내용은 모두 구술자로부터 공개를 허락받은 부분입니다. 비공개 영역은 추후 구술자의 동의를 받아 적절한 절차를 거쳐 추가로 공개될 수 있으리라 생각합니다.

이 구술증언록 100권에는 그동안 우리 사회에 왜곡되어 알려지거나 잘 알려지지 않았던, 참사 발생 직후 팽목항과 진도 혹은 바다에서의 초기 상황에 관한 중요한 증언이 포함되어 있습니다. 또한, 자녀를 잃는 잔인하고 애통한 상황을 겪으면서도 그 누구보다 강인한 정치적 주체로 성장할 수밖에 없었던 유가족의 마음과 경험을 구체적으로, 그리고 여러 각도에서 살펴볼 수 있습니다. 그 외에도, 이 구술증언록은 2014년을 전후한 한국 사회의 여러 측면을 드러내는 귀중한 자료가 되리라고 생각합니다. 무엇보다 국내외의 많은 분이 이 책을 읽어, 장차 세월호 참사의 진상 규명과 역사 서술에 기여할 수 있기를 바랍니다.

구술증언 수집 사업이 진행되고, 책으로 출간되기까지 많은 분의 도움과 지지가 있었습니다. 이 지면을 빌려 부족하나마 감사의 말씀을 전하고자 합니다.

먼저 (사)4·16세월호참사가족협의회와 4·16기억저장소에 감사를 드립니다. 이분들의 신뢰와 적극적인 협조가 없었다면, 이 사업은 처음부터 시작할 수조차 없었을 것입니다. 또한 어려운 정치 환경 속에서도 사업의 취지에 공감해 재정 지원을 결정해 준 아름다운가게와 역사문제연구소에 감사드립니다. 두 단체 덕분에, 이 사업을 4년 동안 계속해 올 수 있었습니다. 그리고 구술증언록 100권의 발간에 동의하고, 바쁜 일정에도 출판 실무를 기꺼이 맡아주신 한울엠플러스(주)에도 감사를 드립니다. 이 외에도 많은 개인과 단체가 직간접적으로 많은 도움을 주시고 격려해 주셨습니다. 여기에 모두 밝히지 못하는 것을 죄송하게 생각합니다.

　말할 필요도 없이, 가장 크고 또 가슴 아픈 감사는 구술자 한 분 한 분께 드리고자 합니다. 이 책이 발간될 수 있었던 것은, 무엇보다 용기를 내어 아픔과 고통의 기억을 다시 떠올리고 장시간 진심으로 이야기를 해주신 구술자가 있었기 때문입니다. 오랜 시간 이야기를 나누며 함께 공감하기도 했지만, 그 아픔과 고통을 어떻게 가늠할 수 있을까 싶습니다. 더 큰 도움이 되지 못함을 안타까워하며, 이 구술증언록 100권의 발간이 피해자분들에게 조금이라도 위로가 될 수 있기를 기원합니다.

2019년 4월

4·16기억저장소 구술팀 책임자
서울대학교 인류학과 교수 이현정

차례

도언 아빠 김기백

구술자 김기백은 단원고 2학년 3반 고 김도언의 아빠다. 두 남매 중 막내로 태어난 도언이는 착하고 애교가 많은 딸이었으며, 나중에 전원주택을 지어 엄마, 아빠와 함께 살고 싶어했다. 아빠는 도언이를 찾은 후에도 진도를 오가며 같은 반 미수습자 가족을 챙겼으며, 구술 당시에는 도언이를 그리며 대체로 혼자 보내는 시간이 많았다.

김기백의 구술 면담은 2017년 2월 23일, 24일, 3월 2일, 3회에 걸쳐 총 5시간 41분 동안 진행되었다. 면담자는 김아람, 촬영자는 김솔이었다.

구술자 본인의 프라이버시나 제3자의 프라이버시를 보호해야 할 부분을 제외하고는 구술자의 발화를 있는 그대로 전사했다.

1회차

2017년 2월 23일

1
시작 인사말

면담자   본 구술증언은 4·16 사건에 대한 참여자들의 경험과 기억을 기록으로 남김으로써 이후 진상 규명 및 역사 기술에 기여하고자 합니다. 지금부터 김기백 씨의 증언을 시작하겠습니다. 오늘은 2017년 2월 23일이며, 장소는 안산시 단원구 세승빌라입니다. 면담자는 김아람이며, 촬영자는 김솔입니다.

2
구술 참여 동기

면담자   먼저 응해주셔서 감사합니다. 혹시 구술에 참여하시는 게 망설여지셨어요? 아니면 좀 얘기하시기가 아직 좀 힘드신가요?

도언 아빠   이야기하는 게 힘들다기보다는, 제가 원래 인터뷰나 이런 걸 잘 안 해요. 그 전에 지금, 내일모레면 3년인데, 그사이에도 뭐 몇 번 그런 요구를 받은 적도 있지만 인터뷰를 많이 안 한 거 같아요. 제가 거부를 많이 했던 거 같아요, 될 수 있으면.

면담자   어떤 특별한 이유가 있으세요?

도언 아빠   뭐 성격이기도 하겠지만, 크게 그냥 별로 이야기를 하고 싶지 않다는 그런 마음이 더 많았던 거 같아요.

면담자   이번에는 그래도 결심하시게 된 계기가 있으신가
요?(웃음)

도언 아빠   강요. 웃지 마세요(웃음).

면담자   아무래도 기억저장소 소장님[도언 엄마 이지성]의 강
요(웃음).

도언 아빠   저도 한번 집에서 집사람이 그렇게 이야길 하길래,
저는 대답한 기억이 없는데, 굳이 제가 대답을 했다고 그러더라구
요. "하겠다"고 했는데 강요인 거 같아요, 아무래도 집사람이. 얼떨
결에 나왔어요, 솔직히 말씀드리면. 그래서 제가 어제도 부담을 갖
지 마시라고 한 게, 실질적으로 제가 제 마음이 더 컸던 거예요, 별
로 그렇게 썩 내키지 않으니까. 그래서 그런 부분들이 컸던 거예
요. 기다리고 그런 게 문제가 아니니까, 제 마음의 문제인 거죠. 그
래서 부담 가지시지 않아도 돼요(웃음).

3
젊은 시절, 연애와 결혼

면담자   아버님 고향, 부산이라고 적어주셨는데, 몇 살 때까
지 고향에 사셨던 거예요? 저희 아버지 고향도 부산이거든요.

도언 아빠   그러세요? 제가 나이가 31살까지 부산에서 살았어요. 태어나서 31년을 산 거죠. 31년을 살다가 부천, 부천으로 잠깐 갔다가, 부천에서 한 2, 3개월 있었나? 그러고 안산으로 넘어왔어요, 일 관계 때문에. 그래서 그때가 90, 95년이었나? 95년도쯤 되겠네요. 95년도에 올라왔다가 한 1년 6개월인가 만에 다시 부산으로 다시 내려갔어요. 그러고 다시 내려갔다가 부산에서 한 3년, 4년 채 안 있었죠. 4년 채 거주 안 하고 발령을 다시 대만으로 발령을 받아서 대만에서 생활을 좀 하다가 다시 안산으로 올라온 게 2000년, 2000년도에 왔어요, 2000년도.

면담자   그럼 올해가 안산에 오신 지 17년째 되는 거네요?

도언 아빠   네. 대만에서는 도언이하고 다, 가족[하고] 같이 거기서 생활하기 위해서 들어간 거고요.

면담자   젊은 시절도 다 부산에서 지내셨네요?

도언 아빠   그렇죠, 친구들도 다 부산에 다 있어요. 인간관계는 다 부산에, 지금 아직도 매어 있는 거죠.

면담자   부모님도 지금 부산에 계세요?

도언 아빠   안 계십니다, 돌아가셨어요.

면담자   다 돌아가셨어요?

도언 아빠   할머니[도언이 할머니]는 일찍 돌아가셨구요. 제가 대만에서 들어온 그해인가 돌아가셨어요. 일찍 돌아가셨어요, 병으로.

면담자   도언이 어머니는 어디서 만나시게 되셨어요?

도언 아빠   사내에서, 사내 커플. 제가 저 사람 만난 게 27살에 만났는데, 그때 제가 직장을 처음으로 가졌던 직장이에요, 거기가. 처음으로 들어간 직장에서 만나서, 거의 햇수로는 거의 4년을 만난 거죠, 제가 32개월 일했으니까. 만난 기간은 조금 긴 편이에요. 근데 그 회사에 오래 있지는 못했어요, 제가 일찍 그만뒀기 때문에.

면담자   회사에서 만나서 연애하다가 결혼하고 그만두신 거예요?

도언 아빠   아니죠, 결혼하기 전에 이미 그만뒀죠.

면담자   그럼, 도언이 어머니가 그 회사를 더 오래 다니신 거네요?

도언 아빠   조금 더 오래 있었죠, 그 사람이. 그 사람은 결혼할 때까지 있었을 거예요. 결혼하면서 그만뒀을 거예요.

면담자   아버님께서 취업을 좀 늦게 하신 편이네요. 사정이 혹시 있으셨어요?

도언 아빠   〈비공개〉 내가 내 개인적인 일을 하고 싶다는 생각, 그런 쓸데없는 생각을 좀 많이 한 거죠. 그리고 잠깐 하다가 안 되는 일도 많았고. 그러다가 처음으로 직장을, 그런 직장을 간 거죠. 그래서 거기에서 [도언이 엄마를] 만난 거죠.

면담자   무슨 회산지?

도언 아빠	의류회사예요. 지금은 많이 쇠퇴를 했는데 그때 당

시에는 '페페마르소'라고 들어보셨죠?

면담자	네 알아요, 그 브랜드.

도언 아빠	거기 부산 영업소에 있었어요.

면담자	업무는 어머니 하시는 일, 아버님 하시는 일 달랐나요?

도언 아빠	같은 관리부서에 소속이 돼 있으면서 같이 근무를

[했어요].

면담자	회사 들어가시기 전에 여러 가지 일이나 사업을 해

보시려고 구상하셨던 거였어요?

도언 아빠	구상도 구상이지만 했다가 잘 안 된 것도 있고요, 또

매형하고 같이 술장사를 해본 적도 있고. 그런 걸 하다 보니까 돈
에 대한 그런, 좀 무서운 걸 모르는 거예요.

면담자	돈을 많이 버신 적도 있으셨어요?

도언 아빠	술장사를 할 때는 돈을 잘 벌었어요. 호주머니에 현

금이 [두둑했어요], 그때는 카드라는 개념이 없으니까. 제가 나이가,
그때가 학교를 졸업했을 때니까, 스물 한 네 살. 그때는 매형이 가
게를 맡겨놓고 내가 다 영업을 했으니까, 가게 잘 나오지도 않고,
잠깐 왔다 가버리니까. 현금으로 다 계산을 해버렸으니까. 그때 당
시에는 카드 내기가 힘들었잖아요. 그러다 보니까 돈에 대한 개념
이 약간 없었던 거 같아요.

면담자   젊은 나이였는데도 여유가 있으셨던 거네요, 현금도 많이 가지고 계시고. 〈비공개〉 그러다가 어떻게 회사에 가시겠다고 결심을 하시게 되셨어요?

도언 아빠   그 가게가 웬만큼 괜찮았었는데 노태우가 정권을 잡으면서 12시로 [영업]시간을 묶어버렸어요. 그러면서 장사가 안 되는 거예요. 그래서 그 가게를 넘기고, 이제 다시 매형하고 같이 찢어졌다가, 또 오디오 쪽으로 수주를 받아서 오이엠(OEM)식으로 AS를 해주면 돈을 잘 번대요. 그래서 학원에도 좀 다녀봐서 했는데, 저하고는 별로 맞지 않는 거 같더라구요. 그러다가 어떻게 두세 번 정도를 거치다가, 처음으로 직장이라는 데를 들어가 본 거 같아요, 집사람 있는 그 회사에.

면담자   그 회사는 누가 소개해 주신 거예요?

도언 아빠   아니에요, 그건 아니고 제가 신문 보고 지원했어요. 지원을 해서 합격을 한 건데, 모집 연령의 딱 커트라인 나이, 27살이니까. 고등학교 졸업하고 대학을 졸업해도 그 나이 훨씬 지나잖아요. 그때 그 회사에서는 나이가 젊은 사람들을 많이 원하더라구요. 의류계 쪽이니까 나이 많은 사람들보다. (면담자 : 면접도 다 보신 거예요?) 다 봤죠.

면담자   그때, 면접 보실 때 기억나세요? 혹시 왜 나이가 많나 이런 거 묻지 않던가요?

도언 아빠   그건 잘 기억은 안 납니다, 물었는지 안 물었는지. 근데 나이가 많아서 안 될 거라는 그런 뉘앙스를 받은 거 같기는 해요. 나이가 많으니까 그런 느낌이 있었던 거 같아요.

면담자   아버님, 실례지만 고등학교는 어디 나오셨어요?

도언 아빠   저는 기계공고를 나왔어요. 기계공고를 나왔다가 대학을 전문대학을 갔다가 때려치웠어요, 별로 적성에 안 맞아서. 저는 원래 기계 쪽이 별로였거든요. 기계공고 쪽으로 가게 되면 파트가 다 있거든요. 과별로 기계과도 있고, 전기과도 있고, 화학과도 있고, 화공과도 있고 다 있으니까. 저는 설계를 가려고 했었는데 고등학교만 졸업을 해서 설계가 쉽지가 않더라구요. 그래서 어떻게 해서 대학을 가서 어떻게 해보려고 했는데 공부를 썩 잘하지는 못했으니까.

면담자   적성에 잘 안 맞으셨나 봐요?

도언 아빠   그래서 학교는 하다가 그냥 그만뒀어요.

〈비공개〉

면담자   아버님 형제분들은 어떻게 되세요?

도언 아빠   1남 4녀예요.

면담자   아들은 혼자이신 거예요? 아까 매형하고 같이 일했다고 하시면, 누나가 있으신 거네요?

도언 아빠   예, 누나들이.

면담자   여동생은 하나 있어요, 위로는 누나 셋이.

면담자   누나 세 명이고, 아버님 계시고, 여동생. 그 당시에 귀한 아들로 자라셨겠네요.

도언 아빠   그건 잘 모르겠습니다. 귀하게 자랐는지 안 자랐는지 모르겠지만, 그렇게 특별나게, 아들이 하나라고 특출나게 바라본 적은 별로 없었던 거 같아요.

면담자   그리고 거의 10살 좀 넘었을 때 어머니가 편찮으시기 시작했다 하셨으니까.

도언 아빠   그 전에 제 기억은, 뭘 먹을 때 아들이라고 더 주고 그런 게 아니라 똑같이 줬어요, 뭘 주더라도 똑같이. 집에서 엄마가 오븐기에 쿠키도 구워주고 그랬었던 기억들[이 있거든요]. 아버지가 군인이다 보니까 집에는 항상 장롱 위에는 먹을 게 항상, 그때 당시에 웨하스라든지 드롭스[사탕 이름]라든지 그런 것들이 [장롱] 위에 항상 있었던 [걸로] 기억[해요].

면담자   어머니 편찮으시기 전까지는 별다른 걱정 없이 여유롭게 사신 편이네요.

도언 아빠   좀 그렇게 살았죠. 어려운 걸 별로 몰랐죠, 그때.

면담자   도언 아버님의 아버님은 계속 근무를 부산에서 하고 계셨던 거였어요?

도언 아빠 김기백

도언 아빠   아니죠, 일찍 전역을 했죠. 조금 더 있어야 되는데 만기 전역을 한 게 아니고, 조기 전역을 했던 걸로 알고 있어요, 제 기억으로는.

면담자   그건 왜?

도언 아빠   그건 저도 잘 기억이 안 나고. 자기 사업 한다고 이래저래 하면서 돈도 많이 날리고, 정당 쪽 일 본다고 많이 쫓아다니고 그랬던 거 같아요.

면담자   당시에 여당에 일 보신다고 좀 다니셨겠네요?

도언 아빠   그때는 당연히 여당.

면담자   그렇죠, 군인이셨으면 당연히.

도언 아빠   공화당이었죠.

〈비공개〉

면담자   부천으로 오게 된 건, 영업소 발령이 그쪽으로 났던 거예요?

도언 아빠   아니에요. 제가 바람이 들어서 또 1년 채 다니다가 친구 놈한테 사기를 당했어요. 세관에[서 단속에 걸린] 물건들 [처분하는 일] 지금 하잖아요. 그런 걸 한대요. 그게 없는 일은 아니잖아요. 그때 당시에도 있었으니까. 그거를 받아서 판매를 하는 그런 일을 하는데 같이해 보지 않겠냐고. 저도 팔랑귀는 아닌데, 의심도 많고요. 근데 그 친구가 재수를 하다가 알게 된 친구였어요. 학원에서 알게 된 친구예요, 제가 삼수를 했거든요. 이 친구가 진주 친군데 되게 순박하게 생겼어요.

면담자   고향이 진주인데 부산에 와서 학원을 다니셨어요?

도언 아빠   예. 설마 나한테 와서 그런 식으로 할 거라곤 생각을 못 한 거예요. 그래서[그런데] 그게 [알고 보니] 실질적으로 다단계였어요. 나한테[를] 속인 거죠. 나를 세관에 데려가고, 이런 걸 보여주고 속인 거. 나중에 실질적으로 회사에 가보자고 해서 갔는데, 딱 들어가는 순간 느낀 거죠. 앞에 이상하게 막 웅성웅성 서 있고 그러는 거예요. 그래서 딱 느낌이 오더라구요. '아, 이건 아니다' 그래서 내가 걔를 불렀죠. "이건 아닌 거 같다, 돈 달라"고. 돈을 그때 당시에 400[만 원] 얼만가 그렇게 줬을 거예요.

면담자   거의 몇 달치 월급 되고도 남았겠네요?

도언 아빠   그렇죠. 그때는 제가 월급이 한 70만 원 정도. 그 70만 원이 되게 센 월급이었어요. 제가 알고 있기로 일반 기술직 가지고 있는 사람이, 경력이 어느 정도 된 사람도 그렇게 받지는 못했어요. 거의 제가 받는 월급의 반 수준 받았을 거예요. 근데 400만 원 넘게 투자를 했으니까 그 돈이 얼마예요? 거의 6개월 치.

도언 아빠   그 돈을 받기는 받았어요.

면담자   그 일을 하시려고 회사는 그만두고?

도언 아빠   그렇죠, 그만뒀죠. 그만두고 나는 막 자랑을 한 거죠, 나는 이런 데 간다고. 그러면서 또 그게 이제 무산이 되고. [페페마르소] 영업소 자체가 다 이게 남포동 거리에 있어요, 여기 페페마르소가 있으면 저기 올라가면 조이너스 있고 그런 식으로. 그러고 난 뒤에 좀 있으니까 이제 페페마르소에 다니던 사람이, 영업했던 사람인데 그만두고 다른 브랜드로 간 거죠. 그 사람이 또 나보고, "자기 회사 사무소에 관리부서에 직원이 필요하니까 와서 일해주면 안 되겠냐"고 해서 거기에서 일을 하고 있었는데, 그 회사 사장이 누구냐면 페페마르소 사장의 형이에요.

면담자   (웃음) 브랜드만 다른 브랜드로 해가지고.

도언 아빠   원래 같이했는데. (면담자 : 따로 나온 거예요?) 둘이서 또 뭔가 알력이 있었던 모양이에요. 찢어져서 나와서 찾았던 사람이 이 사람의 형이에요, 나중에 알고 보니까. 근데 이 회사에서 제가 한 6개월 정도 다니는데 그 제품 창고에 불이 났어요. 쫄딱 망했어요, 그 회사가.

면담자   회사 자체가 아예.

도언 아빠   그래서 그만두게 된 거죠. 그만두고, 아, 그때가 결혼했을 때였구나. 그러고 거의 백수로 살았죠.

4

결혼생활과 직장생활 자리 잡기까지

면담자   어머니는 결혼 후에도 페페마르소 다니셨어요?

도언 아빠   아니죠, 결혼하면서 회사를 그만뒀죠. 나 때문에 저 사람이 고생 많이 했죠.

면담자   처음에 결혼식도 하셨어요?

도언 아빠   그럼요. 결혼식 할 때도 우리는 돈도 엄청나게 많이 들었어요, 집도 얻은 것도 아닌데. 제가 이제 독자다 보니까 어릴 때부터 약간 잠재의식이, 주위에서 자꾸 그런 식으로 이야기를 하다 보니까 세뇌가 돼요, 세뇌가. 부모를 모시고 살아야 된다는. 처음에는 부모랑 같이 살았죠, 이 사람도. 근데 둘이서 계산해 보니까 그때 쓴 돈이, 거의 그때 당시에 한 4, 5000만 원 된 거 같아요. 집도 얻은 것도 아닌데.

면담자   왜 그렇게 비용이 많이 드셨어요?

도언 아빠   몰라요, 모르겠어요. 돈도 많이 들었으면서도 남은 거는 없고.

면담자   그때도 도언이 할머님은 계속 편찮으셨어요?

도언 아빠   아니죠, 그때는 어느 정도 회복은 했죠. 돌아가신 거는 그거 때문에가 아니고 췌장암 때문에 돌아가셨죠. 저 때문에 고

생을 많이 했죠, 그 사람이. 그때 당시에 결혼을 해도 결혼에 대한 의미도 몰랐고, 내가 결혼을 했으니까 어떻게 행동을 해야 되는 것도 몰랐고, 의무감도 없었고 좀 그랬던 시기.

면담자   아버님 일 안 하시면 생활비는 어떻게 충당을 하시게 되셨어요?

도언 아빠   집사람이 가지고 있던 비자금, 주식, 그 회사 페페마르소 주식 이런 것들을 제가 다 팔아먹었죠.

면담자   그때도 또 무슨 일을 할까 구상은 하셨어요?

도언 아빠   제가 그랬잖아요, 철이 없었다고. 완전 망나니처럼 아무 생각 없이 친구들하고, 그때는 술을 먹을 줄을 모르는 상태였으니까 그냥 노는 거 있죠, 술 몇 잔 먹고 노는. 그러면서 친구들하고 놀러 다니고 그랬죠, 결혼해 가지고.

면담자   일을 쉬신 게 꽤 되셨어요?

도언 아빠   그렇죠. 제가 꽤 쉬었을 거예요, 반년도 넘게 쉬었을 거예요. 그러면서 부천으로 오게 된 게, 누가 직장을 소개해 준다고 해서 오게 된 거예요. 왔는데 그게 제대로 안 된 거예요.

면담자   부천 오실 때는 어머님하고 두 분만 오시고?

도언 아빠   그렇죠, 그때는 독립. (면담자 : 분가를 하게 된?) 제가 집에 있기 싫어서, 부모들하고 맞닥뜨리기 싫으니까, 부천에도 소개시켜 줄 데가 있다고 하니까 그냥 짐 싸들고 부천으로 와버린 [거예요]. 근데 그 일이 제대로 안 되고, 마침 안산에 이 사람 언니가 여기 살아요, 저한테는 동서가 되겠죠. 그 동서 다니는 회사에 소개를 시켜준다고 그러더라고. 그래서 무슨 일이냐 그러니까 생산직이라고 그러는 거예요. 제가 해본 적도 없는데, 썩 내키지는 않는데, 막상 사람이 역시 아쉬워야지 그걸 느끼는 거예요, 살아야 된다는 생각. 그래서 그런 일을 하게 된 거죠. 처음으로 생산직이라는 걸 가본 거예요, 적성에도 맞지도 않지만. 웃긴 게 거기서 배웠던 걸로 지금 사업을 하고 있는 거예요. (면담자 : 공장?) 자동화 쪽 일을 하고 있어요, 지금 제가. 자동화 쪽으로 일부분 들어가는 기계를 제작을 해서 납품하는. 거기서 배운 걸로.

면담자　　　그때 가서서는 처음부터 일을 배워야 되는 상황이었네요?

도언 아빠　　　그렇죠. 조금 빨리 배웠던 거 같아요. 그 시기에 비슷한 수준에 있던 사람들보다는 조금 더 나은 수치로 약간 인정을 받고 있었는데, 이 동서라는 사람이 회사를 그만두고 자기 사업을 차려서 나가더라구요. 제가 처음부터 거기 가려고 했던 건 아닌데, 생산직이 마음에 안 드니까. 그리고 처음에 이 사장하고 나하고 한 이야기가 있어요. "부산 영업소가 다시 생기는데 당신은 고향이 부산이니까 부산영업소가 생기면, 당신이 원하면 언제든지 내려보내주겠다, 부산으로".

면담자　　　거긴 관리직으로 보낸다는?

도언 아빠   아니, 그런 약속은 없었어요. "일단 부산으로, 당신이 가겠다고 만약에 요구를 하면 부산으로 보내주겠다"고. [나는] "알았다"고 [했지요]. 근데 부산 영업소가 오픈이 되고 그 소장이 와서 나하고 몇 번 이야기를 했었어요. "내려가게 되면 나는 현장이 아니고 내가 원하는 영업직으로 간다. 기술 영업직으로 갈 거다". 거기는 기술 영업직이 중요해요. 업체가 있어야 되기 때문에, 업체를 만들어야 되니까. 이거는 주문 제작을 하는 거거든요. 만들어서 파는 게 아니에요. 누군가가 주문을 해야지, 오다[주문]가 떨어져야지 일을 진행할 수 있는 일이기 때문에 업체가 상당히 중요해요. 그러기 때문에 기술 영업을 해야 돼요. 그 사람하고 기술 영업이라고 약속을 하고 부산으로 다시 간 거예요, 여기서 1년 6개월 정도 있다가. 그 사람하고 기술 영업직을 약속받고 갔는데, 그것도 쉽게 안 되더라구요. 그래서 회사를 3년 6개월인가를 다니다가 그만두려고 했는데, 대만이라는 그런 이상한 일이 하나 생긴 거예요. 대만에 또다시 합자회사를 하나 차리는데.

도언 아빠   기술 협력 요원으로 가서 걔들을 가르쳐야 되니까 필요한데, 부산에서 한 명을 차출을 해달라고, 처음에 다니던 회사 본사에서 요청서가 온 거예요, 나보고 가라 그러더라고. 그래서 나싫다고, 회사 그만둘 사람인데 내가 거길 왜 가냐고, 처음에는 계속 거부를 했죠. 거부를 하다가 이 사람이 이제 꼬시더라고 날. 1년만 가 있으라고, 원래 2년 계약인데, "1년만 가면, 다시 1년은 누구 다른 사람 대체해 주겠다" 그래서 가게 됐는데, 1년 때문에 가게 된 건 아니에요. 고민을 하다가 대만이라는 나라도 오랫동안 식민지 나라잖아요. 거의 오십 몇 년. 우리나라보다 더 길게 식민지에 있었으니까, 일본에. 그래서 문화가 아주 발달돼 있을 거라는 생각을 했어요, 제가, 제 생각으로. 그래서 '혹시 거기 가면 뭔가 아이템이 있지 않을까', 근데 아니더라고. 완전 뭐라고 해야 되지? 지금은 많이, 좀 더 발전을 했겠죠. 그때는 가니까 정말 후진국. 사는 질은 우리나라보다 훨씬 더 좋은 사람들이에요, 그 사람들이. 지엔피 (GNP) 수준도 높고 외화 보유도 세계에서 1, 2위 막 다투는 나라니까. 수준은 높은데 보이는 것들은 다 우리들보다 낮은 수준. 워낙 작은 나라니까, 조그만 나라니까. 거기서도 제대로 이렇게 찾지를 못했어요, 그런 부분들을. 그러다가 다시 여기 안산으로 오게 된 게, 대만에서 나오면서 동서라는 사람이 자기 사업자를 차리고 나갔었으니까 자기하고 같이 일을 도와주면 안 되냐고 그러더라구요. 대만에서 나올 때 공항에서 기다리고 있더라고요.

면담자   그냥 바로 가자고요?

도언 아빠   김포공항에서, 이야기를 해야 되니까. 김포에서 만나서 자기 집으로 와서 그날 하루 있다가, 알았다고 생각해 보겠다고 그러고 나는 다시 김포에 가서 비행기 타고 애들, 다 가족 데리고 김해로 갔죠. 내려가다가 생각을 했는데 이 사람이 계속 자꾸 요구를 하니까, 그리고 가끔 바쁠 때 전화 오면, 전화가 와서 일 좀 도와달라고 그러면 부산에서 비행기 타고 왔다 갔다 했었어요. 그 사람 일 도와주느라고. 그러다가 나중에는 결론을 내렸죠. '에이, 그냥 하자' 그러면서 다시 안산으로 올라오면서 그 사람 일 도와주다가 다시 내 사업을 차리게 된 거죠.

면담자   대만에서 들어오셔서도 어디를 들어가시거나 그러신 건 아니었네요?

도언 아빠   들어간 거죠, 그 동서[가 하는 회사로].

면담자   부산에서 왔다 갔다 하신 건가요?

도언 아빠   몇 개월 정도를 했죠. 너무 힘든 거예요, 그게. 그래서 다시 이제 부산 걸 정리를 하고 안산으로 다 가족을 데리고 [왔어요]. 도언이도 태어나기는 부산에서 태어났어요.

면담자   대만 가기 전에?

도언 아빠   네, 그렇죠. 가기 훨씬 전에 태어났죠.

면담자   도언이가 태어났을 때는 형편이 그렇게 좋지는 않으셨던 거예요? 어떠셨어요?

도언 아빠   좋지는 않은, 그렇게 부유하지는 않았는데 그때 직장생활 계속 꾸준하게 하고 있었으니까. 부천에서 안산으로 오면서, 제가 [일을 중도에 쉬었던 건] 딱 마지막이 부천이고, 안산에서 직장생활 하면서 그때부터 계속 직장생활 했어요, 당분간. 그러니까 안산에서 1년 6개월 있다가, 다시 부산영업소로 발령을 받아서 부산 영업소에서 3년 6개월 있다가, 대만에 들어갔다가, 대만에서 다시 동서 일을 하기 위해서 직원으로 들어간 거죠, 직원으로 같이.

면담자　　　도언이는 안산 갔다가 다시 부산 영업소에 가셨을
때 태어난 거예요?

도언 아빠　　아니… 예, 맞네요. 부산에 다시 내려가면서 태어난
[게 맞네요].

면담자　　　대만 가실 때는 애들까지 다 같이 가셨다고요? 애들
몇 살 때였나요?

도언 아빠　　그때가 도언이가 4살 땐가. 그때 진짜 예뻤어요, 제
가 봐도.

면담자　　　한참 말을 배우고 있을 때였나요?

도언 아빠　　처음에는 태어났을 때는 진짜 못생겼었어요. 크고.
진짜예요.

면담자　　　(웃음) 컸어요?

도언 아빠　　조금 컸어요, 우량아는 아닌데. 정상적으로 태어났
었나. 약간 못생겼었어요, 처음에는. 조금 장군 스타일 있죠.

도언 아빠　　약간 그런 스타일. 일단은 가족이 같이 들어가야 되
는 건데, 제가 [대만에] 먼저 들어가고 이 사람들도 정리를 해야 되
고, 서류준비를 해야 되니까 좀 있다가 들어왔거든요. 타이베이 공
항에서 [도언이를] 봤는데, 제 그때의 기억은 꼭 인형이 오는 거 같

왔어요. 진짜 예뻤어요. 지금 사진으로 봐도 대만에 있을 때, 그 대만에 있는 사람들이 되게 예뻐했어요, 도언이를. 귀엽다고.

면담자   그사이에 아버님은 도언이를 돌보거나 그러실 여유는 전혀 없으셨겠네요?

도언 아빠   예, 없었어요. 되게 바빴어요, 일을 하느라고. 애들하고 밥 먹는 시간도 없었어요.

면담자   그때도 부모님하고 같이 사셨나요?

도언 아빠   아니죠, 부천으로 온 이후로 떨어지면서 같이 살아본 적이 없어요. 계속 우리끼리 살았죠.

면담자   부모님이 같이 살자고 하지는 않으셨어요?

도언 아빠   아니, 그런 건 [없었어요].

면담자   그때부터 완전히 독립을 하신 셈이네요. 타이베이 공항에서 그 장면이 아직도 많이 기억나세요?

도언 아빠   네, 네. 쫓아오던, 뛰어오는 그런. 아직도 생생하죠.

면담자   도언이가 그때 말하기 시작했었어요?

도언 아빠   말 잘했을 때죠, 벌써 4살쯤 됐으니까. 말을 잘할 때였죠, 3살, 4살 무렵이니까.

면담자   대만에서 가족분들이 적응하기가 힘들지 않으셨어요?

도언 아빠　　　아마 큰애가 좀 힘들었을 거예요. 다른 가족들도 있었다 보니까, 큰애가 좀 힘들었어. (면담자 : 나이 차이가?) 도언이하고 3살 차이 나. 도언이 3살 때구나. 맞나? 아니 4살 때 맞다. 그러니까 큰애가 조금 힘들었을 거예요. 많이 스트레스를 많이 받았죠. (면담자 : 학교는?) 들어와서 큰애가 바로 입학을 했죠. 애들한테는 커오는 과정에서는 그렇게 많이 못 해줬어요.

면담자　　　많이 바쁘셨을 거 같아요. 들어오셔서도 안산하고 부산하고 좀 왔다 갔다 하시느라구요.

도언 아빠　　　그때는 아니구요. 들어와서 다 안산으로 왔을 때도, 저희들 하는 일이 딱 정확하게 아침에 출근해서 저녁에 퇴근 시간까지 끝나는 일이 아닌 거예요. 주문을 하면 그 시간이 있으니까, 그 납기를 맞춰주고 하다 보면 시간이 많이 진짜 없었어요, 애들하고 같이할 수 있는 시간이. 그 대신 그 부분을 도언이 엄마가 그래도 많이 채워준 거죠. 애들 데리고 언니들하고 같이 아마 우리나라 전국은 다 갔을 거예요.

면담자　　　애들 데리고 같이 다니셨어요?

도언 아빠　　　언니들하고 같이 모여서 거의 다 다녔을 거예요. 근데 저는 거기에 합류를 못했어요, 시간이 없어서. 맨날 늦게 들어오고, 집에 못 들어가는 날도 허다하고.

면담자　　　아버님이 독립하시기 전에 몇 년 동안 동서하고 안산에서 계속하셨던 거죠?

도언 아빠   그때 바빴어요. 내 사업을 하면서는 시간을 마음대로 할 수 있는데, 그 사람하고 같이 있으면서는 너무 바쁘고 힘든 거예요.

면담자   회사가 점점 크고 있었던 거?

도언 아빠   크지도 않아요, 크지도 못하고. 그러니까 몸만 피곤해지는 거죠. 동서하고 같이 일할 때, 동서 동생도 있었고 저도 있었고. 그 동생이라는 애가 기술이 좋아요. 안산에서도 저희들 업계에서도 알아줄 정도의 기술을 가지고 있어요. 저하고 그 동생하고, 동서하고, 동서 매형이라는 사람도 있었고.

몇 년 거기서 있다가 힘드니까 나와서 내 일 하면서 처음에는 좀 힘들었죠, 처음에 시작할 때는…. 제가 [사업을] 두 번을 오픈했어요. 한 번 오픈했다가 접었다가 다시 오픈을 했거든요. 처음에 오픈했을 때는 또 맨날 어울려서 술 먹고 다니고 그러다 보니까 좀 집사람이 힘든, 두 번째 오픈을 하면서 내가 약간 정신을 차렸어요. 조금씩 자리를 잡아갈 때였어요. 도언이가 그렇게 될 그 시점, 자리를 잡아가려고 하는 그 시점에 이제 그런 일이 생겨버렸죠. 그러면서 지금은 거의 3년 가까이 일을 했다가 안 했다가.

5

아이들 키우면서 있었던 일들

면담자   어릴 때 아이들하고 기억나는 일 있으세요? 키울 때
'되게 예쁘다' 할 때 있으세요?

도언 아빠   아, 저도 많이는 아닌데 애기들 데리고 웬만큼은 다
녔던 거 같아요. 낚시 데리고 다니고, 걔들은 싫어하죠. 낚시 데리
고 가서 [아이들은] 차에서 재우고 난 낚시하고 있고, 그랬던 적[이]
기억나네요]. 그때는 애기들이 지겨워했어요. 근데 도언이가 그렇
게 되기 전에 저한테 한번 그런 적이 있었어요, 낚시 갈 때 자기도
데리고 가달라고. 끝내는 약속을 못 지켰어요.

면담자   아이 크고, 고등학교 가고 나서니까?

도언 아빠   그 약속을 지켜주지도 못했어요. 내가 어긴 건 아니
죠, 도언이가 어긴 거지. 조금 도언이하고 이제는 내가 안정기에
접어들면서 시간도 자유롭게 하고, 도언이하고 조금 친해질 무렵
이었어요. 도언이하고 많이(울먹임).

면담자   어느덧 보니까, 바쁘게 사시다 보니까 애들이 많이
훌쩍 컸다 그런 생각하신 적 있으세요?

도언 아빠   애교가 되게 많았어요, 도언이가. (울먹이며) 근데…
제가 걔한테 와서 미안한 게, 저한테 다가오는 걸 제가 좀 많이 밀
어냈던 거 같아요. 그 시기에 둘이가 조금 많이 가까워져서 걔가

좀 뭐라고 해야 되지, 아빠하고 같이하는 걸 되게 좋아했어요. 옷
입는 것도 그렇고, 옷도 아빠랑 똑같은 걸 입으려고 하고, 제가 집
업[zip-up: 지퍼로 여밀 수 있게 만든 옷] 같은 걸 사다두면 꼭 아빠 걸
가져가서 입고. 지금 걔가 찍혀 있는 사진들, 집업이 다 제 거예요
제 거, 그 옷들이.

　　그러면서 이제 집사람도 그때 자기 일을 하고 있었으니까, 집
사람도 자기 일한 지 오래됐거든요. 따로, 이 사람도 자기 가게에
서 일을 하고. 이 사람은 가게 일이니까 항상 가게는 문 닫는 시간
이 늦잖아요. 늦게 들어오는데, 들어가면 제가 도언이하고 같이 밥
해서 먹고 도언이가 뭐 먹고 싶다 그러면 해주고. "아빠, 김치찌개
끓여주세요" 그러면 김치찌개 끓여서 같이 먹고, 카레 해주고 닭볶
음탕 해주고. 그런 거 해주면 리액션이 되게 좋았어요, 그저 맛있
다고, 맛없어도 맛있다고. 그렇게 조금씩, 조금씩 친밀감을 느껴
가고 있었을 때였는데, 그때 시기에, 많이 좀 친해지려고 했던 그
때 [참사가 그만 발생한 거죠]. 그래서 되게 더 미안했죠, 죄 짓는 거
같은 느낌.

면담자　　　아버님, 아이들 키우실 때 속상하신 건 없으셨어요?

도언 아빠　　없었어요. 되게 착했어요, 도언이는 진짜 되게 착했
어요. 아들이 조금 말썽을 부려서 그렇지, 도언이는 진짜 착했어
요. 뭐 거부가 없어요, 도언이는. 거부하는 게 별로 없었어요.

면담자　　　뭐 하자 그래도 같이하고, 하지 말라고 하면 안 하고.

도언 아빠   지가 알아서 하고, 무슨 날 되면 지가 알아서 챙기고 좀. 다들 이렇게 이야기하면 이제 없으니까 그렇게 이야기하겠다 라고 하겠지만, 좀 특별한 아이예요, 얘는. 왜 특별하냐면, 집사람 이 항상 하는 이야기가 그래요, 도언이는 우리가 만든 애기라고 하 거든요.

면담자   키우면서 계속?

도언 아빠   아니, 그런 의미가 아니구요. 주위에서 다 제가 집사 람하고 결혼을 못하게 했었어요.

면담자   회사 동료들이요?

도언 아빠   그런 사람들 말고요. (면담자 : 가족들이요?) 너무너무 안 좋으니까, 둘이가 만나서 결혼을 하면 별로 안 좋으니까.

면담자   궁합이 안 맞는다고요?

도언 아빠   좀 많이 반대를 했었어요.

면담자   어디, 처가에서 특히 그러셨나요? 아니면 아버님 댁 에서?

도언 아빠   확, 딱히 [어느 한쪽이라기보다는], 양쪽에서 다 그랬던 거 같은데. 그러면서 저희들도 답답하니까 경주에 아주 유명한 데 가 있다고, 궁합을 보는 데가 있다고 그래서 거기도 간 적이 있어 요, 둘이서. 진짜 그런 소리 했어요. (면담자 : 안 좋다고?) 결혼하면 내가 죽는다는 식으로. 죽는다는 게 목숨을 그런 건 아니라, 이제 이렇게 좀. (면담자 : 기운이 떨어진다는 그런?) 그런 의미겠죠. 그래서 이 사람이 또 어디 가서 이렇게 뭘 물어봤나 봐요. 그래서 도언이가 태어난 거예요. 무슨 의미인지 아시겠죠? (면담자 : 네) 애가 우리 가족을 다 상생을 시켜주는 그런 기운을 가지고 태어날 수 있는 애기니까, 애기를 만들라고 해서 만든 애기예요, 애가.

면담자   그럼 때도 다 맞추셨어요?

도언 아빠   그거는 잘 모르겠어요, 저도 확실히 기억은 안 나는데. 여하튼 그래서 태어난 애기가 도언이에요, 가족의 화합을 만들어주는 애기라고 해서. 도언이가 가족의 끈을 연결해 주는 그런 운명을 가지고 태어난 애기라고, 그래서 만들어진 애기라니까요, 도언이는.

면담자   태어났을 때부터, 어려서 키울 때도 그런 생각을 하셨어요?

도언 아빠   아뇨, 저는 그런 생각을 안 했죠. 도언 엄마는 무의식중에 그런 생각을 하고 있었을지 모르죠, 그런 거 때문에. 그런 거 떠나서도 도언 엄마 같은 경우는 도언이하고 많이 친구처럼 지냈으니까. 잘 지냈어요, 모녀지간에.

면담자   아빠들은 딸을 더 아낀다고 하는데, 마음이 자식 둘 중에 도언이한테 더 가셨어요?

도언 아빠   그래서 제가 말씀드리잖아요. 제가 진짜 도언이한테

죄스럽다고. 그러지 못했던, 따뜻하게 해주지 못했던 거. 그런 부분들이 저한테는 제가 눈감을 때까지는 아마 죄책감을 가지고 살거 같아요, 그런 것들이.

면담자   도언이가 아빠 서운하다고 한 적이 있었나요?

도언 아빠   저한테는 [말] 안 했지만 엄마한테는 했겠죠. 한두 번은 들은 적이 있었던 거 같아요, 도언이 있을 때도.

면담자   아버님 성격이 원래 좀 내성적이신 편이신 건가요?

도언 아빠   표현을 잘 안 하죠.

면담자   어머니한테도 애정 표현을 많이 하고 그러시진 않았어요?

도언 아빠   그런 건 없어요, 거의 안 하니까. 도언이한테도 자연스럽게 그렇게 안 했겠죠.

면담자   그럼, 성격이 바뀌신 건 아버님께서 사업을 하시면서, 영업하시면서 조금씩 달라지신 건가요? 어떠세요?

도언 아빠   이게 조금씩 바뀌게 된 계기는 사실은 첫 번째 계기가 집사람 처음 만났던 회사에서 바뀐 거[예요]. 영업하는 애들은 보면 좀 성격이 약간 활달해야 되잖아요. 걔들은 아침에 나가기 전에 자기들끼리 모여서 으쌰으쌰 하고 그래요. 내가 보기에는 '저[사람들] 미쳤나' 하는 생각이 [들었죠]. 근데 그런 [성격적인] 부분들을 보고 가끔 회식하면서 소장이 나한테 뭔가를 한마디 했던 거 같아

도언 아빠 김기백

요. 그러면서 뭔가 계기가 됐던 거 같아요.

면담자   '성격을 좀 바꿔보자' 그런 생각을?

도언 아빠   좀 그랬던 거 같아요. 그때부터 조금씩, 조금씩 변했던 거 같아요, 남한테 가서 이야기도 할 수 있고.

면담자   당시에 어머니는 원래?

도언 아빠   원래 외향적이에요. [밖에] 나다니는 사람, 집에 못 있는 스타일.

〈비공개〉

면담자   독립하고 대만에서 살 때는 일은 힘드셔도 재미는 있으셨겠네요? 아이들하고만 이렇게.

도언 아빠   대만에 원래 2년을 계약하고 갔는데 사실은 거의 1년 만에 나갔어요. (면담자 : 그때는 왜?) 애기들 때문에.

면담자   애들이 좀 힘들어했던가요?

도언 아빠   〈비공개〉 그게 조그마한 애기가 하나 있었는데, 다른 집에 같이 들어온 집안 중에서. 자꾸만 조그만 애기 때문에 애[큰애]한테 뭔가 모르게 조금 불이익이 자꾸 가는 거예요. 뭔가 일이 생기면 애[큰애]를 자꾸 혼을 내게 되는 거예요. 그래서 그게 조금씩, 조금씩 쌓인 거죠. 그래서 내가 대만 사장한테 요구를 했죠, "같이 못 살겠다".

면담자　　　　몇 집이 같이 사셨던 거예요?

도언 아빠　　　웃기는 거죠. 대형 고급 빌라를 얻어준 건데, 단독으로 된. 근데 그걸 [다른 가족이랑] 한집에서 산다는 게 말이 안 되는 거죠. 그래서 내가 아파트를 얻어서 나가겠다 그러니까 걔가 하는 말이, "아파트 얻어서 나가면 월세가 얼만데", 이런 식으로 이야기를 하더라고. 당신은 그거 신경 쓰지 말라고, 내가 알아서 한다고, 내 월급 받아서 한다고. 그니까 얘가 하는 말이, "당신 돈 벌러 온 거 아니냐", 그래서 내가 그랬죠. "나 돈 벌러 온 거 아니라고. 다른 애들은 어떤 생각을 가지고 들어왔는지 모르지만 난 돈 벌려고 여기 온 사람 아니니까, 당신이 그런 쓸데없이 신경 쓰지 말라"고. "난 나가서 살아야 되겠다" 그러니까 안 된대요. 그래서 내가 그랬죠. "그래, 알았다. 난 여기서 접고 들어가겠다". 일본하고, 한국하고, 대만하고 3자가, 3국이 합자를 한 회사예요. 그래서 걔들한테 막 부랴부랴 연락을 취했나 보더라구요. 보름 뒤에 "아파트를 얻어 줄 테니까 있으라" 그러더라고요. 그래서 내가 "됐다"고, "나도 자존심이 있지. 한 번 그렇게 한 거, 나는 싫다"고. "내가 그렇게 이야기할 때는 급박하게 느껴진 만큼, 됐다"고 그러면서 제가 [한국으로] 들어와 버렸어요, 애들 데리고.

면담자　　　　나중에 동서하고 일하실 때도 바빴다고 하셨잖아요? 후회하거나 그러신 적은 없으셨어요?

도언 아빠　　　어떤 부분? (면담자 : 대만에 좀) 더 있을까? 아니에요.

〈비공개〉 그때 판단은 잘했던 거 같아요.

면담자   아버님이 돈 벌러 간 거 아니라고 하셨던 것도, 아이 돌보고 하는 게 더 중요하다고 생각하셨던 건가요?

도언 아빠   그렇죠. 제가 처음에 말씀드렸던 것처럼 대만에 들어간 이유가 저는 그[돈 버는]게 아니었잖아요. 뭔가 나는 아이템을 찾기 위해서 간 거기 때문에, 돈에 대한 관련 가지고 간 게 아니기 때문에.

면담자   계획대로 뭔가 새로운 거를 찾기가 어렵다는 걸 얼마 지나지 않아서 알게 되셨던 거네요?

도언 아빠   그렇죠, 가니까 아무것도 없더라고. 타이베이 시내에 갔는데, 거기가 그 나라의 명동 같은 그런 데인데 거기 가도 아무것도, 썩 괜찮은 데도 [없었어요]. 우리가 있을 때 처음으로 대형 쇼핑몰이 지어졌어요. 그걸 가지고 우리한테 자랑했어요, 저거 보라고. 우리나라에는 도시마다 다 백화점이 [있는데], 나보고 막 자랑을 하더라고. 그래서 내가 그랬죠, 바보 아니냐고, 우리는 도시마다 다 있다고. 나보고 아니래, 나보고 거짓말한다고. 〈비공개〉 그래서 이해가 안 되더라구요. 그런 것도 그렇고 별로 크게 와닿는 것도 없고 하니까, 애기가 더 중요하니까. 원래 해외 나가면 월급이 많아지잖아요. 다른 애들은 그런 걸 막 요구를 하더라고. 제가 나옴으로써 [남은] 얘네들한테 덕이 된 거예요.

면담자   그렇겠네요, 그다음에 그쪽 상황이 좋아졌겠네요.

도언 아빠   월급이 거의 다 따블[더블] 수준이. 제가 그렇게 함으
로써 처음에는 요만큼 올려줄게, 요만큼 올려줄게, 이렇게 되다가,
내가 그런 식으로 해버리니까 월급이 완전히 뛰어버린 [거지요].

면담자   대만에서 돌아온 뒤에도 아이들한테 신경이 더 많이
쓰이셨겠네요?

도언 아빠   그럼요, 도언 엄마도 마찬가지예요. 〈비공개〉

면담자   도언이는 '약간 쉽게 키웠다' 그런 생각도 하신 적이
있으세요? 신경 많이 안 써도 알아서 잘하고?

도언 아빠   그렇죠, 지가 알아서 하니까. 원래 사람이 그렇잖아
요, 우는 놈한테 떡 하나 더 준다고. 그거하고 똑같은 거예요. 도언
이한테는 조금 서운했던 부분들이 많았을 거 같아요.

면담자   당시에도 아버님은 자세히 아시지는 못하셨겠네요?
도언이가 유학을 가고 싶어 한다거나 이런 것도.

도언 아빠   예, 나중에 이야기해 줬어요.

면담자   어릴 때 특별히 도언이가 '뭘 하고 싶다', '되고 싶다'
그런 거 있었어요?

도언 아빠   선생님. 그건 엄마 영향이 있던 거 같아요. 엄마가
계속 주입을 했던 거 같아요.

면담자　　　아버님도 알고 계셨어요?

도언 아빠　　예. 걔가 처음에는 뭐였지… 선생님이라는 게 너무 크게 각인이 되어 있어 가지고 다른 게 기억이 안 나네요. 중학교 때부터 계속 그랬던 거 같아요. 선생님, 자기는 선생님 하겠다고, 하고 싶다고.

면담자　　　그럼 꼭 유학을 해야 되거나 그런 건 아닌데.

도언 아빠　　힘드니까.

면담자　　　힘들어서 떠나고 싶다는 생각.

도언 아빠　　오빠한테 너무 엄마가 너무 올인을 해버리니까, 오빠 때문에 힘드니까, 지도 그래서 그랬던 거 같아요.

면담자　　　두 남매가 서로 친하거나 그러진 않았어요? 그래도 오빠가 동생을 예뻐했을 거 같은데.

도언 아빠　　어릴 때는 그렇게 했는데 제가 알기로는, 좀 크면서 한 번씩 가끔 이렇게 틱틱거리고 그러는 거 같았어요. 근데 도언이가 오빠한테 달려들고 그런 거는 아닌 거 같아요. 큰 소리로 싸우고 그런 적은 없었던 거 같아요, 도언이 성격이 그러니까.

면담자　　　네. 이제 친해지려고 하던 무렵에 참사가 나게 됐는데, 그해에 특별한 일 혹시 기억나세요? 낚시 다시 가자고 했던 얘기는 해주셨고.

도언 아빠   음… 그렇게 특별하게 뭔가 했던 거는 없었던 거 같아요. 그런 일이 있을 거라고 생각지도 못했기 때문에 뭔가를 만들려고 했던 것도 없었던 거 같아요. 그러니까 뭐, 갑작스런 그런 부분들이[어서] 그런 거는 없었던 거 같아요. 그냥 흘러가듯이 그냥 거의 일상적으로 그렇게 생활했던….

면담자   아버님이 사업하시니까 전에 비해서는 상대적으로 시간적 여유가 있으셨어요?

도언 아빠   시간적 여유는 좀.

면담자   음식도 많이 해서 같이 드시고. 아버님이 언제부터 음식을 잘하셨어요?

도언 아빠   아니요, 잘하는 건 아닌데. 제가 언제쯤부터라고 해야 될까? 그전에부터, 제가 어릴 때부터 고기를 자주 구웠던 거 같아요, 우리 집은.

면담자   부모님하고 같이 사실 때도?

도언 아빠   매형들하고 같이 있으면서 고기를 집에서 자주 구웠던 거 같아요. 집에, 그때 당시에는 연탄 그걸 방에 갖다놓고 석쇠를 올려놓고 그렇게 했던 거 같아요. 그러니까 나도 모르게 집에서 나 혼자서 함박[햄버그스테이크]도 만들어서 먹고 그랬던 거. 요리를 해야 된다는 그런 거 아니고, 그냥 내 나름대로 어떻게 했던 거 같아요.

면담자   결혼생활 하실 때는 원체 바쁘셨으니까 기회가 많지
는 않으셨겠네요?

도언 아빠   그렇죠. 그때는 그렇게 한 적도 없었죠, 해준 적도
없었고. 그냥 직장생활 계속 그때 했을 때는 거의 한 달에 한두 번
정도 애들하고 밥 먹는 거, 그 정도밖에 안 됐었어요.

면담자   아버님 사업체를 내실 때는 안산 말고 다른 데서 해
볼까 하는 생각은 안 하셨어요?

도언 아빠   굳이 다른 쪽으로 갈 이유가 없었죠. 어차피 집사람
도 가게가 여기 안산에 있었으니까, 그때는 갈 수가 없는 [상황이었
죠]. 그 바람에 이렇게 되고 난 뒤부터 집사람도 자연스럽게 가게도
접어버리고 다 그런 식으로 돼버렸어요. 굳이 안산을 벗어날 이유
는 없었던 거 같아요. 내 사업체를 내기 위해서 그 주위에 비슷한
사람들이 같이 있었어야 되는 그런 상황이었던 거 같아요. 제가 보
기엔 차라리 같은 일을 하는 사람들이 공유하면서, 그런 게 나았던
거 같아요.

면담자   사업하실 때는 같이하시는 다른 분들도 계셨어요?

도언 아빠   있었죠. 지금은 거의 일을 접다시피 하고 있는 상태
니까 [없지만요].

6

수학여행 당일부터 팽목항에서 기다리는 시간까지

도언 아빠   수학여행 당일부터 기분이 별로 안 좋으셨다고요?

도언 아빠   왠지 모르게 여하튼 그랬어요. 가는 게 되게 싫었어요, 그날 도언이가 가는 게. 도언 엄마한테도 그 이야길 했는데, 가는 게 짜증스럽기도 했고. 그렇다고 뭐 나를 제외하고 여행을 안다닌 것도 아니고 그렇게 많이 다녔던 사람들인데, 이상하게 그때는….

면담자   도언이가 따로 준비하거나 이런 걸로 신경 많이 쓰시지는 않으셨고요?

도언 아빠   예. 그런 거는 없었던 거 같은데, 여하튼 내키지 않는, 가는 거 자체가 내키지 않았던 [거 같아요].

면담자   마지막으로 보셨던 거는 15일 아침이었나요?

도언 아빠   나가는 것만, 갔다 온다 그러면서 나가는 것만 [봤고], 대답도 제대로 안 해준 거 [같아요].

면담자   저녁에는 날씨 때문에.

도언 아빠   "온다"고 했었어요. 나한테 전화가 왔었나, 그거는 기억이 안 나는데 그 부분은 기억이 안 나요. 너무 혼란스러워요, 지금은. 내가 그 전에 들었던 이야긴지 나중에 일이 일어나고 난 뒤에 도언 엄마한테 이야기를 들은 건지 기억이 안 나요. 근데 그 거는 들었던 거 같아요. 날씨가 안 좋아서, 뭐 그런 이야기를 들었 던 거 같긴 한데, [참사] 전인지 후인지는 저도 그거는 기억이 잘 안 나요.

면담자   그날 저녁에도 아버님은 퇴근을 늦게 하셨던 거예요?

도언 아빠   그것도 잘 모르겠어요. 그냥 그다음 날까지, 문제가 생기기 전까지는 그냥 일상적이었던 거 같아요. 아무 생각 없이 그 냥 출근했었어요, 같이. 출근해서 회사에 도착을 해서 조금 있는 데, 도언 엄마한테 문자가 왔었어요, 문제가 생겼다는 문자가. 막 연히, 막연히 그냥 그런가 보다라고 했죠, 그때는. 상황이 이렇게 될 거라고 생각을 못했던 거죠. 그래서 회사에서 그냥 휴대폰 디엠 비(DMB)로 본 거 같아요, 그 상황을. 막 생중계하고 이런 거. 그리 고 저희들이 아마 3시가 넘어서 출발을 했을 거예요, 안산에서. 저 희들 개인적으로 출발을 했었거든요, 버스를 타고 간 게 아니고. 차에서, 차에 내려가면서도 [도언이는 살아] 있을 거라고 생각을 하 고 간 거죠, 다들 그랬겠죠. 상황이 그렇게 됐으니까, 옷을 갈아입 혀야 되니까 옷만 챙겨서 갔던 거 같아요. 무슨 의미인지 아시겠 죠? (면담자 : 네) 옷만 챙겨서 갔다는 의미? 그리고 팽목으로 출발 했던 거 같아요.

면담자   학교에서 버스 출발할 때는 왜 같이 안 가셨어요? 정 오 무렵에 같이 출발한 걸로 알고 있는데.

도언 아빠   어느 정도 정리를, 이제 직장생활을 하는 게 아니니까, 어느 정도는, 집사람도 그렇고 저도 그렇고 정리가 어느 정도 돼야지 나올 수가 있으니까. 해야 될 이야기도 있고, 그런 부분들. 그러다 보니까 시간이 그렇게 됐던 거 같아요. 저희들만 갔으면 시간이 조금 더 빨리 갈 수도 있는데, 상황이 그러다 보니까 혹여나 해서 동서가 운전을 했어요.

면담자   같이 일했던 동서?

도언 아빠   예, 예. 도언이 이모부가 운전을 하고 간 거죠. 우리가 상황이 그러니까 운전하면 안 될 거 같으니까 자기가 운전해 주겠다고 해서 시간이 좀 지체됐던 거 같아요.

면담자   가면서도 뉴스는 계속 보고 계셨어요?

도언 아빠   그럴 정신은 없었던 거 같아요. 뉴스를 보고 그런 거는 없었던 거 같아요.

면담자   그때 전원 구조됐다고 보도 나왔던 것도 보시긴 하셨나요? 문자도 혹시 왔었어요?

도언 아빠   저한테는 안 왔을 거 같아요. 저한테는 안 온 거 같아요. 집사람한테는 갔는지 모르겠는데, 저한테는 안 왔던 거 같아요. 집사람은 받았을 수도 있었을 거 같아요, 그때 운영위원이었으니까.

면담자   당시에 어머님이 학교 운영위원 맡고 계셨어요?

도언 아빠   예.

면담자   가시는 길이 혹시 기억나세요? 거리가 진도까지 되게 멀잖아요.

도언 아빠   정말 지겹게 갔어요.

면담자   시간이 정말 안 갔을 거 같은데.

도언 아빠   저희들이 팽목에 도착한 게 아마 11시, 11시 반. 11시가 넘었을 거예요.

면담자   체육관으로 안 오고 팽목으로 바로 가셨던 거였어요?

도언 아빠   저희들은 바로 팽목으로. 그때는 아무것도 없었어요, 팽목에.

면담자   네, 맞아요.

도언 아빠   그날 밤부턴가? 새벽부턴가? 비가 왔나? 새벽부턴지 그다음 날인지 비가 오기 시작했어요, 팽목에. 거의 한 2, 3일, 2, 3일 정도는 아무것도 못 먹었던 거 같아요, 팽목에서. 계속 차에서 [있었고], 체육관에 간 건 확인하려고. 그러니까 팽목에 있다가 다시 상황, 상황을 어느 정도 보고, 진도체육관으로 가서 이제 현황판을 확인을 해야 되니까, 그거 때문에 아마 다시 체육관으로 올라갔을 거예요. 올라갔다가 다시 내려와서 차에서 잤어요, 우린 계속.

면담자   차도 팽목에 대고 계셨던 거구요?

도언 아빠　　　예, 길가에 그냥 그렇게. 그때는 이렇게 아무것도 없었던 상태였기 때문에 차를 그 갓길, 그 공터 같은 데 그쪽에 대고 있었던, 그쪽에다 차를 대고 있었던 거 같아요. 비가 거의 이틀, 하룬가 이틀인가 계속 왔던 거 같고.

면담자　　　그때 배 타고 직접 나가보자고 하시는 분들도 계셨던 거 같은데요.

도언 아빠　　　그렇죠, 있었죠. 그런데 그것도 인원이 한정돼 있으니까, 가려고 하는 사람은 많은데 한정돼 있으니까, 아무나 갈 수도 없고. 저는 한 번도 못 갔던 거 같아요.

면담자　　　어머니는 건강 괜찮으셨어요?

도언 아빠　　　자기 정신이 아니었겠죠.

면담자　　　동서분도 같이 계셨던 거예요?

도언 아빠　　　예. 아마 그다음 다음 날인가, 이틀, 이틀인가 3일을 같이 있었을 거예요. 그 사람도 사업하는 사람이니까, 그냥 오랫동안 비워둘 수가 없으니까, 회사 일 일단 보고 다시 온다고 혼자 올라갔을 거예요, 언니는 있고.

면담자　　　이틀, 사흘 정도를 차에 계시다가 체육관으로 들어오신 거예요?

도언 아빠　　　한 이틀 정도는 차에 있었던 거 같아요. 그러다가 진도체육관으로 갔던 거 같아요. 우리가 체육관에 갔을 때 이미 자리가 없었어요. 다 차지하고 있더라고, 자리들을. 그래서 우린 맨 앞에 앉아 있었어요. (면담자 : 단상 맨 앞?) 단상, 거기밖에 자리가 없어서 거기에 앉아 있었어요.

면담자   옷가지만 챙겨가지고 가셨는데 다시 올라오시진 않으셨어요?

도언 아빠   올라온 적은 없죠, 도언이 찾을 때까지 계속 있었죠.

면담자   대통령 왔던 거는 보지는 않으셨겠네요? 그 뒤에 들어오신 거죠?

도언 아빠   그렇죠, 그 여자가 온 거하고는 상관이 없으니까. 그 여자가 온다고 해서 뭔가 달라지는 거 아니니까. 우리는 계속 팽목에서 도언이를 [기다렸어요].

면담자   달라질 게 없다는 그 생각을 하셨어요?

도언 아빠   그렇죠, 그거 신경 쓸 일이 어딨습니까? 그 여자가 왔다고 달라질 게 아무것도 없잖아요. 그러니까 우리는 팽목에서 도언이만 기다리고 있고. 우리가 [체육관에] 오니까 [대통령이] 왔다 갔다 그러더라구. 보지는 못했죠. 그냥 아침에 눈뜨면 저희들이 도언이 찾을 때까지, 거의 한 체육관에 새벽에 들어갔을 거예요, 12시, 1시쯤 이렇게. 올라가면 잠깐 씻고, 잠깐 눈 붙이고 눈 뜨면 바로 팽목으로. 팽목에서 계속 있었죠. 진도체육관에는 있지는 않은, 잠시 체육관에[서는 잠만 잤어요].

면담자   하루 일상은 팽목에서 보내셨던 거네요?

도언 아빠   팽목에서만 거의 생활을 했죠.

면담자   밤에는 조명탄 계속 켜고 그랬는데, 그런 모습을 보면서 당시에 어떤 생각을 하셨나요?

도언 아빠   열심히 [구조]하고 있는 줄 알았죠, 그때는. 우리는 열심히 [구조]하고 있는 줄 알았죠. 나중에 시간이 지나면서 그게 다 이제 [거짓임이] 밝혀지니까.

면담자   초기 며칠 동안에는 계속 실제로 구조를 하는 것처럼 알고 계셨던 거네요?

도언 아빠   그렇죠. 그렇게 하고 있었던 거로 알고 있었죠. 그게 아니었으니까 문제가 되는 거죠.

면담자   이게 좀 문제가 있다, 심각하다 생각하시게 된 건 혹시 어떤 계기가 있으세요? 아니면 보도가 나오면서?

도언 아빠   그건 나중에, 우리가 시간이 한참 지나고 난 뒤에 [알게 된 거고]. 그 전에는 그런 생각 가진 사람이 별로 없었을 거라고, 제 생각이지만. 그냥 마냥 애기만 기다리고 있었을 뿐이지, 거기에 대해서 어떻게 그런 생각을 할 겨를이 없었던 거 같아요.

면담자   당일에 팽목에 도착하셨을 때는 도언이가 생존해서 구조가 될 거라고 생각하셨던 거죠?

도언 아빠   그럼요. 믿고 있었죠, 그거는.

면담자   사흘, 나흘 정도까지도 그렇게 생각하셨던 건가요?

도언 아빠   계속 그렇게 생각했죠, 살아 있을 거라고 생각했죠. 씩씩한 우리 도언이가, 씩씩하니까 살아 있을 거라고 이야기[했어요, 도언 엄마랑] 둘이서. 좀 씩씩한 편이었고, 씩씩하다고 표현을 해야 되나, 좀 성격도 긍정적이고 그러니까, 잘 버텨주고 있을 거라고 생각[했죠]. 살아 있을 거라고 생각[했고요]. 집사람하고 다니면서 목 놓아서, 진짜 도언이 이름 부르고 다니면서. 아마 다른 사람이 보면 미쳤다고 했었을 거예요, 정상적인 사람이 보면.

면담자   어머니가 힘들어하고 그러시니까 내색하기가 더 힘들지는 않으시던가요?

도언 아빠   있었죠. 제가 이 나이 먹도록, 가슴이 아프다는 걸 [그때] 처음 알았어요. 그걸 자꾸 삭히니까 저도 모르게 자꾸 통증이 오더라구요. 그래서 옛날에 사람들이 그렇게 얘기했던 걸, 그때 느낌, 나도 처음으로 느껴봤죠. 그걸, '가슴이 아프다'는 걸 그때 느꼈어요. 사람이 계속 억누르면, 집사람도 그러고 있으니까, 내가 또 내색을 할 수 없으니까, 그랬던, 그런 게 계속 도언이 찾고도 계속 그랬던 거 같아요. 그니까 이상한 버릇이 생겨버려. 술 먹으면 밤새도록 욕하고 고함지르고 그런다고 그러더라고, 나도 모르는데. (면담자 : 아버님이 그러신다고요?) 술 많이 취하면.

면담자　　　팽목 계실 때 다른 사람에게 소리치시거나 그러신 적은 없으셨던 거예요?

도언 아빠　　　그렇죠. 그냥 그냥, 계속 누르고만 있었던 거 같아요.

면담자　　　그때 일상이, 씻고 이런 것만 아침에 체육관에서 하시고, 팽목 나가셨다가 밤에는 돌아오셔서 잠깐 계셨다가 해 뜨면 다시 나가시고?

도언 아빠　　　그게 일상적인 반복. 도언이가 올 때까지 계속 그러고 있었죠.

면담자　　　당시에 언론사들이 많이 들어가기도 하고, 체육관 안에 사람이 굉장히 많았잖아요. 어떤 불편함이나 불만은 없으셨어요? 자원봉사자들이라든지, 물품이나 사람이 계속 늘어나고 있던 때였는데요.

도언 아빠　　　그런 것까지 아마 의식하고 있었던 사람들은 별로 없었던 거 같아요, 몇몇 사람을 제외하고는.

면담자　　　주변 상황이나 이런 게 전혀 눈에 안 들어오셨던 거군요.

도언 아빠　　　상황은… 불편했던 거[것을] 그러면은[말한다면], 뭐 취재진들이 취재하고 그런 것들이 불편했겠죠, 지금 생각해 보면 그런 부분들이. 일단은 크게, 그때는 생각 자체가 한곳에 있으니까, 하나에만 있으니까 다른 걸 둘러볼 수 있는 여력이 별로 없었던 거 같아요. 간간히 기억이 나는 부분들은 있기는 하지만, 그거는 특정한 부분들이고 이런[사소한] 거기 때문에, 크게 뭐 어필이 될 수 있는 부분도 아니고. 이야기해야 되는, 이야기를 할 수 있는 부분도 아니고, 그런 사소한 것들이. 다른 것들은 크게 없었던 거 같아요. 생각, 사람이 항상 멍하게 있다고 해야 되나, 그런 상태. 약간의 공황 상태같이 비슷한 [상태였어요].

면담자 　　　같은 반 부모님들하고도 이야기를 나누신다든지, 그러지도 않으셨나요?

도언 아빠 　　　전혀, 진도에 있으면서 그런 교류는 전혀 없었어요.

면담자 　　　계속 정말 혼자 계신… 어머님하고 계시긴 하지만 다른 사람들하고 접촉하거나 그런 거 없이 계셨네요.

도언 아빠 　　　전혀 없이, 가족, 이 사람 언니들이 돌아가면서 와서 지켜줬으니까. 가족 간만 움직였지 주위 사람들하고 소통을 한다든지 그런 것도 전혀 없었던 거 같아요.

면담자 　　　그런 마음이 안 드셨어요? 당시에 별로 와닿지 않으셨던 거예요?

도언 아빠 　　　소통하는 게?

면담자 　　　예. 그때 가족분들끼리 '모임도 만들자', '정부하고 소통할 만한 그런 것들을 또 해보자'라든가.

도언 아빠 　　　그때는 그런 소통이 아니구요. "찾으면 어떻게 할 것이냐" 그 이야기였어요, 체육관에서. 반끼리 앉아서 하는 이야기가 그 이야기예요. "니 찾으면 어떡할 건데, 니 먼저 갈 거야? 기다릴 거야?" 그런 이야길 나누는 [것이었지]. 그런[정부와의 소통] 이야길 나누는 건 없었어요. 그러고 몇몇이, 주동하는 사람들이 거기 가서 언성 높이고 싸우고, 어쩌고저쩌고하는 사람들이 있었고. 그런 사람들이 있었지만 그 외에는 거의 없었던 거 같아요.

면담자　　　애기 오는 것만 계속 기다리고 계셨던 상황이었군요.

도언 아빠　　　찾기만을 기다리고 끝까지 포기는 안 했던 거 같아요. 다 똑같은 마음이겠지만 끝까지 그냥 막연히 살아 있을 거라는 생각을 하고 있었죠.

7

도언이를 만나는 과정, 장례

면담자　　　도언이 올라왔다고 하는 소식은 어떻게 들으셨어요?

도언 아빠　　　그게 소식을 들은 게 아니구요, 팽목에 하루하루 현황판이 올라와요. 거기에 비슷한 특징, (면담자 : 인상착의?) 특징 그런 것들을 현황판에 적어요, 번호를 매겨서. 그래서 비슷하면 가서 확인해야 되고, 소식을 듣고 갈 수는 없는 거죠. 직접 자기가 가서 찾아야 되는, 가서 확인을 해야 되는, 유가족이 자기 눈으로 보고 직접 보고 확인하고, DNA 검사하고, 그렇게 해야 되는 부분이기 때문에, 연락받고 가고가 아니고. 어떤 사람들은 계속 왔다 갔다, 왔다 갔다 하는, '뚜렷한 특징을 가지고 있지 못한다' 그러면 그냥 계속 왔다 갔다, 왔다 갔다 하는 거예요, 거길. 수도 없이 들락거려야 되는 [상황이었어요].

면담자   낮에도, 체육관에 계셨던 분들도요?

도언 아빠   많이 있었어요. 그게 체육관에 있었던 사람들은 내가 알고 있기로는 자세하게는 모르겠지만, 현황판에서 나오니까, 그 대형 모니터로 해줬으니까, 그거 보고 체육관에 있었을 거예요. [팽목에] 내려가 있는 사람들은 내려가 있고, 체육관에 남아 있는 사람들은 남아 있고 그랬을 거예요.

면담자   아버님은 팽목에 계속 계시고, 현황 나오면 바로 그때그때 왔다 갔다 확인을 하고 계셨던 거예요?

도언 아빠   거의 그랬던 거죠. 근데 저도 아… 느낌이 이렇게 현황판을 보더라도 다 그런 거 아니겠지만, 이제 비슷하다는 느낌이 한 번, 두 번, 많아 봤자 한두 번 정도밖에 없었던 거 같아요. 제가 안 가고 아들이 갔었어요, 자기가 가겠다고 하더라구요. 오빠가 가서 확인하고 왔었어요. 근데 막상 마지막 도언이가 왔을 때는 오빠가 없었어요.

면담자   처음에 오빠가 확인했던 거는 다른 아이였던 건가요?

도언 아빠   그렇죠. 그거는 도언이가 오기 며칠 전에 있었던 일

일 거예요, 며칠 전에 있었던 일. 그리고 아마 아들을 안산으로 보냈었어요. 안산에 잠깐 갔다 오라고 했던 그사이에 도언이를 찾았어요. 아들은 못 봤죠, 마지막, 오빠는 도언이를 마지막으로 거기서는, 팽목에서는 못 본 거죠. [오빠가] 그 안산에 있으면서[있을 때] 찾았으니까, 내려오고[내려오려고], 다시 오려고 그러는 거 그냥 안산에 있으라고, 우리가 올라간다고 [했어요]. 안산에서 만났죠.

면담자   그때까지는 계속, 다른 아이들이 올라온다고 해도 살아 있을 거라고 생각하셨던 건가요?

도언 아빠   그렇죠. 살아 있을 거라는 생각만 가지고 있었던 거죠, 찾았을 때까지는. 황당한 거지.

면담자   어머니는 그때 어떻게 좀 몸을 추스를 수 있었어요? 같이 보셨어요?

도언 아빠   다 같이. 아, 처음에는 저희들을 못 가게 했어요. 도언이를 우리가 먼저 본 게 아니구나. 도언이 외삼촌이 먼저 확인했고, 우리보고 못 가게 하더라고. 도언 엄마가 "도언이 같다"라고 얘기했을 때 처남이니까 도언이 외삼촌이 가셔가지고 확인하시고, "맞다"고, "맞는 거 같다"고 해서 나중에 우리가.

면담자   바로 DNA 검사로 들어갔나요? 어떻게 하셨어요?

도언 아빠   그렇죠, DNA 검사. 처음에는, 맨 처음에는 제가 알고 있기로는 DNA 검사를 하기 전에 먼저 [부모에게 시신] 인수를 했었을 거예요. 인수해서 올라갔는데 사고가 발생하면서 시신이 바뀌어버렸잖아요. 그러면서 우리가 도언이를 찾고 그다음 날 밤에, 밤에 출발했을 거예요. [찾고 나서] 하루도, 24시간이 훌쩍 지나서 아마 안산으로 데리고 올 수 [있었어요]. 막 싸우고 그랬어요, 관리 안 해준다고.

면담자　　　그 시간 동안에 떨어져 계셨던 거죠?

도언 아빠　　　그렇죠. 확인만 시켜주고 마니까. 그래서 막 싸우고 욕하고 그랬던 거 같아요. 그 광주지검의 담당 검사한테 욕하고 그랬던 거 같아요, 관리 안 해준다고.

면담자　　　그러고는 앰뷸런스로 안산으로 데리고 오셨나요?

도언 아빠　　　그렇죠. 한 사람만 탈 수 있어서 저는 택시를 타고, 집사람은 앰뷸런스를 타고.

면담자　　　어디서 장례 치를지 다 정해져 있었나요?

도언 아빠　　　그때는 장소가 정해지지 않으면 안 됐었어요, 장소가 정해져야지. 그래서 집사람 지인들 통해서, 그때 자리가 없어 가지고, 성남이라 그랬나 어디 다른 도시에 가고 그런 사람도 있었을 거예요. 어떻게 어떻게 하다가 처음에는 어디였지? 제일[병원]이었나 하다가 다시 지인을 통해서 고대[병원의]로 다시 [갔죠]. 근데 고대에서도 하루 기다렸다가 일단은 들어갔죠. 고대에 들어가서 빈소 차린 건 그다음 날밖에 할 수 없는, 그때도 그랬던 거 같아요.

완전히 여기, 안산이 포화 상태였기 때문에. 그래서 하루, 하루를 본 거 같아요, 고대에서. 들어온 날, 들어온 날도 [상으로] 쳐야 된다라고 이야기를 하는 사람도 있고 그래서, 제 기억으로는 아마 하루였던 거 같아요. 하루 있었던 거 같아요. 그다음 날 바로 나온, 맞나? 맞을 거예요. 안 그러면 그게 5일장이 돼야 된다고, 그런 식으로 이야기했던 거 같아요.

면담자   그러니까 거의 이틀 반. 장례식장 들어온 날부터 하루로 치고.

도언 아빠   하루 그다음 날 아침에 8신가 9시에 출발했던 거 [같아요], 내 기억으로는.

면담자   그렇게 해서 3일째라는.

도언 아빠   그렇게 된 거 같아요, 맞는 거 같아요.

면담자   계속 희망을 가지고 계셨는데, 직접 도언이를 만나보시니까 어떤 감정이 제일 많이 드셨어요? 당연히 분노하신 게 제일 크긴 하겠지만.

도언 아빠   처음에는, 처음에는 봐도 믿기지가 않았어요. 살아 있는 거 같은… 모습 자체가 그랬어요. 살아 있는 거 같은… 만져도 될 정도로. 그때까지도 분노의, 분노의 감정이라는 것은 아니었던 거 같아요. 그냥 막연하게 그냥 아픔인 거죠, 분노라기보다는. 그럴, 분노를 느낄 만할 새도 없었던 거 같으니까. 시간이 지나면서 그런 것들이 생기기 시작하는 거니까. 그게 자꾸 되새겨지면서 문제가 생기는 거니까. 그때 당시에는 그 상황, 처해 있는 상황에만 직면했었던 거 같아요. 그런 부분들은 감정적으로 분노나 그런 것들은 기억이 안 나요, 그런 것들[은].

면담자   어떻게 해줬으면 좋겠다 그런 생각들이 있으셨어요? (도언 아빠 : 어떤?) 도언이한테 가는 길 어떻게 해줄까, 그런 고민들을 하셨을 거 같기도 한데. 예를 들면 뭐 그 장례 치르는 것도 그렇고, 안치하는 것도 어디에 두면 좋을까?

도언 아빠   그런 부분들은 고대에 도착을 했을 때 고대에서 그냥 "갈 수 있는 곳이 이곳, 이곳 이렇게 있다. 어디를 갈 거냐, 원하는 곳이 어디냐", 그 정도. 그리고 나머지 코스는 전부 다 정해져 있는 코스니까. 누구나 다 똑같은 길로 가서 안치만 세 군데로 갈라져서 가는 그런…. 그러니까 그 추모관을 어디로 가느냐가 우리가 원할 수 있는 거지, 나머지 부분들은 원하는 게 별로 없죠.

면담자   그 과정들이 다 짜여 있는 거였어요?

도언 아빠   거의 뭐 관을 어떤 관으로 할 거고, 항아리는 어떤 항아리로 할 거고, 그 앞에 그렇게 돼 있으니까, 그 정도. 거기 가니까 이렇게 사무실이 있더라고. 사무실 앉아서 보면 자기 원하는 유골함이라든지 이런 것들 정하면 그 사람들이 하는 일이라고는 생년월일하고 이름 적는 그 정도.

면담자　　　도언이 찾고 올라가는 과정에서도 누가 일을 맡는지 알고 계셨던 거예요? 안산시에서 하고 있다거나 아니면.

도언 아빠　　　그런 것도 생각을 해본 적도 없었어요. 일단 도착했을 때 누군가가 나왔었어요, 병원에 누가 기다리고 있더라고. "알아서 자기들이 알아서 한다"라고 뭐 그렇게 이야길 했으니까. 나중에 알고 보니까 뭐 교육청에서 나왔다고 그러더라고. 경기도교육청 소속이, 아마 담당이 그 주관했을 거예요.

면담자　　　그때는 뭘 판단하고 그런 생각을 하실 필요도 없었던 거고, 그럴 여유도 없었던 거네요.

도언 아빠　　　우리는 그냥 정하기만 하면, 프레임은 이 사람들이 일단 다 짜놓고, 우리 그 프레임에서 당신이 어떤 부분에서 어떻게 할 것인가만 이야기하면은 그 프레임에서, [그] 안에[서] 짜주는 거죠. 기본적인 프레임은 이미 다 짜 있는 [상태였고요].

면담자　　　도언이 오빠는 고대[병원]에 와서 도언이를 만난 거예요?

도언 아빠　　　그렇죠.

면담자　　　소식 듣고서 진도에 내려온다고 했었고요.

도언 아빠　　　올라가니까 우리가, "내려오면 안 되니까 위에 있으라" 그랬죠.

8

진도에서의 감시, 구조 방식 논란

면담자　팽목에 계실 때 좀 이상하거나 그런 느낌 혹시 없으셨어요? 예를 들어서 감시가 있다거나?

도언 아빠　아, 그거는 시간이… 처음에는 그걸 몰랐겠죠. 근데 이제 체육관에 한 두세 번 있으면서 그런 걸 느꼈죠. 계속 누군가가 감시하고 지키고 있다, 정보원들이 있다는 걸. 그리고 체육관에서 그런 사람을 잡은 적도 있어요.

면담자　아버님이 직접이요?

도언 아빠　아니, 부모님들이. 다 같이 있을 때요. 쫓아내 버리고.

면담자　사복 입고 있는 거?

도언 아빠　그렇죠. 경찰이 사복 입고, 정보과 있는 애들이 나와서 다 대기하고 있었어요, 가족들도 따라다니고.

면담자　말씀 들어보니까 아버님은 도언이 찾기 전까지는 나서서 싸우시고 그러신 적은 없으셨던 거 같아요. 거의 혼자 마음을 삭히고 계셨던 거 같은데.

도언 아빠　싸우고 그런 건 없었던 거 같아요.

면담자　같은 부모라고 하더라도 또 성격도 다 다르시고, 아이 나오는 시기도 다르고, 여러 분들이 계셨던 거 같아요.

도언 아빠   그렇죠.

면담자   거기서 좀 '어, 나하고는 좀 다르다' 그런 거를 느끼셨던 때가 혹시 있으세요? 아니면 '왜 저렇게까지 하나' 그런 생각 혹시 하셨을 수도 있고. '나하고는 좀 다른가 보다' 그런 생각 하셨을 수도 있을 거 같은데.

도언 아빠   그런 부분들도 없지 않아 있었던 거 같아요. 좀 행동을 과하게 하는 사람들, 좀 말도 함부로 하는 사람들, 그런 부분들은 좀 있었던 거 같아요. 내가 보기엔 군이 하지 않아도 될 그럴 행동들, 확실하게 뚜렷하게 뭐라고 이야기하기는 뭐 하지만 제 눈에는 그렇게 보였어요.

면담자   거기서 일어나는 그런 종류의 상황이 아버님한테는 그렇게 큰 영향을 주는 거는 아니었다고도 볼 수 있는 건가요?

도언 아빠   그렇죠. 그때는 내 머릿속이나 내 생각이나 이런 데서는 그 사람들[은] 없었던 사람들이에요. 기억도 못하고, 아는 척도 안 하고, 대다수가 아는 척 안 했을 거예요.

면담자   네. 일단 아이 찾는 게 급선무이기도 한데, 혹시 직접 구조에 들어가는 분들하고 얘기를 해보신 경험이 있으세요? 잠수하시는 분들한테 아이 빨리 찾아달라고 부탁하시거나.

도언 아빠   부탁을 해보고, 내가 직접 할 수 있었던 거[는] 아닌 거 같구요. 떼거지로 가서 거기에서 막 이야기하는 사람도 있고,

그런 거를 옆에서 서서 보고 듣는 거죠. 내가 직접적으로 어떻게 해달라고 하고 그런 적은 없었던 거 같아요. 그냥 이야기만 들었던 거 같아요. (면담자 : 그때 방법을 어떻게 할까…) 다이빙[벨] 때문에도 그때 싸우고 그랬었어요. 그랬던 기억은 나요, 싸우고. 그것도 나중에는 결과적으로는 뭐, 그 사람들의 방법이 딱히 옳다라고 할 수는 없을 수도 있겠지만, 제가 이렇게 봐도 그 사람들의 이론상으로는 맞는 거 같아요. 배가 가라앉았는데 만약에 살아 있는 사람이 있었다, 그럼 어떻게 구조해서 나올 건데, 그런 기계가 없으면 [하고 주장했던 것이니까 그 사람들의 이론은 맞는 거 같아요.

면담자　　　나중에 영화도 나오고 그때 생각이 드셨던 거죠?

도언 아빠　　그러면서 알았던 거죠.

면담자　　　당시에는 기술적이고 전문적인 걸 부모님들이 바로 다 이해하고 수긍할 수 있는 그런 상황은 아니었던 거죠?

도언 아빠　　그렇죠. 그 부분에 대해서 크게…. 그리고 잠수사들도요, 그때 당시에는, 제가 기억하기로는 부모들하고 대면을 잘 안 했어요, 내 기억으로는. 만나도 그 사람들이 할 말은 없는 거죠. 그리고 또 그 사람들한테 욕하는 사람들도 있고 하니까, 그 사람들도 그걸 받아들이기가 힘들었을 거란 말이에요. 그래서 막 피해 다녔던 기억도 있던 거 같아요, 그 사람들이. 그런 부분들도 있었던 거 같아요.

면담자   오늘은 아버님 이 정도 하구요. 다음에 그 이후부터 한 2년 동안 활동에 대한 거, 아버님 심경에 대한 거, 오늘처럼 말씀해 주시면 좋을 거 같습니다. 수고하셨습니다.

2회차

2017년 2월 24일

1
시작 인사말

면담자 　　　본 구술증언은 4·16 사건에 대한 참여자들의 경험과 기억을 기록으로 남김으로써 이후 진상 규명 및 역사 기술에 기여하고자 합니다. 지금부터 김기백 씨의 증언을 시작하겠습니다. 오늘은 2017년 2월 24일이며, 장소는 안산시 단원구 세승빌라입니다. 면담자는 김아람이며, 촬영자는 김솔입니다.

2
도언이 안장하고 난 뒤 생활

면담자 　　　오늘은 아버님, 예고해 드린 대로 가족분들이 모여서 활동하셨는데, 혹시 아버님께서 활동 참여하신 거 있으시면 얘기 들려주셔도 좋고, 또 한편으로는 어머니가 활동을 굉장히 많이 하셨잖아요, 그래서 어떻게 보면 아버님은 가정을 돌봐야 되는 책임이 있으셨던 거 같은데, 그런 생각들 위주로 들어보려고 합니다. 지난번에 도언이 장례까지 말씀 들었는데, 장례 절차가 거의 다 정해져 있었다고 말씀하셨잖아요. 도언이가 안산에서 아주 가깝지는 않은, 세 곳 중에서는 안산에서 제일 먼 평택으로 가게 된 거에 대해서 아쉬움 같은 건 없으셨는지요?

도언 아빠 　　　아쉬움은, 아쉬움 같은 건 갖지는 않았던 거 같아요,

굳이. 애기가 어디에 있든 거기에 대해서는, 집사람하고 같이 결정을 하면서 평택을 생각을 했던 게, 아마 일단은 여기 하늘공원에는 노지니까 바깥쪽에 그냥 있잖아요, 그래서 그때 피했던 거 같아요. 하늘공원 같은 경우에도 애들이 많이 가 있잖아요. 저희들이 평택을 아마 선택을 했던 게 그런 부분들이었던 거 같아요, 바깥이 아닌 실내에 있으니까. 그래서 아마 평택을 저희들이 선택을 했을 거예요, 그때. 두 사람이 상의를 해서.

면담자   지금도 종종 가세요? 어떠세요?

도언 아빠   가기는 가죠. 근데 이제 횟수가, 시간이 지나면서 횟수가 좀 줄었어요. 그 횟수가 줄어든 계기가, 저 혼자도 가도 상관은 없는데 저 같은 경우에는 충청 쪽에, 진천 쪽에 업체가 있어요. 그러면 이제 납품을 하고 내려오는 길이 거기예요, 충북 쪽이. 그래서 가끔 저 혼자 들릴 때도 있고. 지금은 저 사람이 작년부터 너무 바쁘니까, 그 전에도 활동을 계속 꾸준하게 했지만 그때는 가끔, 너무 힘들 때는 가끔 쉴 때도 있고 했는데, 작년부터는 [4·16기억]저장소 일을 맡고는 시간이 더 많이 없어진 거 같아요. 너무 여기에 얽매이다 보니까 조금 서운했었어요, 작년부터는.

면담자   이왕 그 말씀 나온 김에 어머니가 여기 저장소 일 맡으시면서 어떻게 보면 아버님도 부담이 커지신 셈이잖아요?

도언 아빠   그렇죠.

면담자   좀 어떠신지?

도언 아빠   사실은 좀 불편한 거는 많아요. 시간이 너무 [없어서]. 한 달에 평균 같이 앉아서 밥을 먹는 시간이 거의 별로 없다시피 하니까. 아침에 나가면 거의 기본이 그냥 한 9시, 10시 돼야 오니까. 조금 늦어져 버리면 또 거의 밤, 새벽 이럴 때 들어오니까. 거의 혼자서, 집에서도 저녁에는 집에 혼자서 거의 밥 먹을 때가 많았던 거 같아요, 작년에 이제 시작을 해서.

면담자   네. 물론 아버님, 당연히 지지를 하시긴 하겠지만, '다른 분하고 [일을] 나눌 순 없나?' 그런 생각 혹시 안 드세요?

도언 아빠   솔직히 저도 인간이다 보니까 그건 없지는 않았어요. 약간 그런 마음도 없지 않아 있기는 해요. 너무 여기 얽매여 있다 보니까 그런 부분들이 없지 않아 있기는 한데, 가끔 가다 저도 서운한 부분들이 많죠, 있죠. 있기는 한데, 또 엄마들하고 아빠들하고 생각하는 관점이 다른 거 같아요, 보는 게, 생각하는 것도 그렇고. 보는 것도 그렇고. 엄마들은 그냥, 그냥 아무 생각 없이, 그냥 오로지 그냥 애기들만 생각을 하는 거죠. 거기에만 생각, 애기들 생각만 해서 올인을 하는 거죠, 엄마들은. 엄마니까. 그런 부분들이 남자하고 여자하고의 차이가 있는 거 같아요, 제가 봐도. 이렇게 보면, 지금 활동을 적극적으로 진짜 많이 하는 분들이 다 엄마들이잖아요. 지금도 아빠들보다 엄마들이 활동을 더 많이 해요, 사실은 제가 봐도. 초창기에도 그랬고요. 제가 보기에도 그런 부분들이 확실히 여자하고 남자하고 차이[가] 있는 거 같아요. 제가 보기에 엄마는 무섭다는 말이 맞아요, 강하다는 말도 맞고. 다시 한번 느끼는 부분이에요. 지금, 이번에도.

면담자   거의 식사도 같이 못 하시면, 아버님은?

도언 아빠   제가 직접.

면담자   알아서 다 챙겨 드시고?

도언 아빠   챙겨 먹는다기보다는 거의 밥을 먹기 위해서 밥을 차리는 게 아니구요, 술을 먹기 위해서 차리는 거 같아요, 내가 보기에는.

면담자   요즘 약주 많이 하세요?

도언 아빠   거의 하루도 안 빠지고 먹는다고 봐야 되겠죠, 거의. 제가 술을 좋아하는 스타일은 아닌데 그때 이후로, 아마 거의 하루도 안 거르고 술을 먹었던 거 같아요, 지금까지도.

면담자   혼자 드시는 날이 많으시겠네요? 대체로는?

도언 아빠   그렇죠. 집에서는, 집에 있을 때는 거의 혼술이죠. (면담자 : 네) 혼자서 그냥 마셔야 되니까.

도언 아빠   처음에는, 처음에는 안 그랬어요. 처음에는 애기가 그렇게 되고, 그해에는 저희들이 부모님들하고의 교류가 없었어요. (면담자 : 그해에는?) 첫해에는. 거의 교류를 안 했었어요, 일부러 단절된 [상태를 유지했어요]. 근데 안산에서만 그렇게 했고, 저희들이 그냥 거의 그때 당시에는, 첫해에는 진도에 거의 올인을 했던 거 같아요. 거의 한 달에 평균, 거의 한 서너 번, 거의 주말마다 갔다라고 보면 될 거 같아요. 도언이 49재를 끝내고 그 이후부터 계속 진도를 왔다 갔다 했어요, 두 사람이서.

면담자   거의 6월부터 계속 이렇게 다니신 셈이네요?

도언 아빠   네, 네, 네, 그렇죠. 그니까 거의 연말께에 진도 그거 폐쇄했나?

면담자   중단한다고.

도언 아빠   체육관도 나가라 그러고 그럴 때였거든요. 그때까지 갔죠. 마지막에 그렇게 된 이유가 3반에서 한 명이[을] 못 찾았어요, 지현이라고. 그 부모들이 계속 남아 있다 보니까 우리도 그냥 어느 쪽이든지 간에 뭔가 돌파구가 필요로 했을 거예요, 우리 부모도. 그래서 저희들이 결정을 한 게, "진도를 가자", 그냥. 그래서 주말마다 음식을 챙겨서, 거의 많을 때는 음식이 아마, 거의 막 50인분, 60인분씩 이렇게 해서 갔을 거예요.

면담자   그거를 두 분이 직접 하셔가지고?

도언 아빠   네. 그걸 집에 보관했다가 저녁에 그걸 받아서 어디 지원도 받고 이렇게 하고, 우리가 준비도 하고 이렇게 해서, 그래서 거의 한 5개월 이상을 다녔던 거 같아요, 11월 달 그 [수색이] 종

료될 때까지 계속. (면담자 : 네. 지현이가 거의) 마지막이에요. 그러니까 남아 있던 부모님들이 저희들한테 한 이야기가 "끝까지 좀 와주면 안 되겠냐"고, 저희들한테 그런 부탁을 했었어요. 당신네들이, 그 사람들이 보는 입장에서는 그렇게 보였던 거죠. 우리는 그런 마음이 아니었는데, 그 사람들이 보기에는, "당신네들이 그래도 그렇게까지 신경 써주고 열정적으로 해주다 보니까 도언이[가] 지현이를 찾은 거 같다. 그니까 우리한테[도] 해주면 안 되겠냐"고 했던 부모님들도 있었어요, 계속 와달라고.

면담자 지현이 부모님하고는 그래도 좀 각별하게 지내셨어요?

도언 아빠 처음에는 얼굴을 모르니까 진도에 그런 상황이 됐을 때는 데면데면했죠. 그니까 이제 저희들은 꼭 그분을, 지현이 엄마, 아빠를 위해서 내려간 건 아닌데 그렇게 된 거죠, 어떻게 보면 같은 반이다 보니까. 처음에는 조금 데면데면했는데 그게 횟수가 계속, 저희들이 꾸준하게 가니까, 그 사람들도 마음을 열어. 처음에는 그 사람들도 우리가 내려가면 왔나 보다 하는 정도, 그 정도였어요, 처음에는 그 사람들도. 그렇다고 해서 우리가 친밀한 관계를 맺기 위해서 간 것도 아니기 때문에, 우리도 거기에 대해서 크게 신경 쓰지도 않았기 때문에, 근데 나중에 그런 상황이 되고 나니까 그런 말을 했던 부모의 입장, 그런 걸 다시 한번 생각하게 되더라구요, 그런 부분들을. 또 우리 올라올 때 되면 서로가 울게 되기도 하고, 그런 부분들이 좀 힘들었었어요, 사실. 그러고 계속 안산에서 활동을 한 거보다는 진도에서 왔다 갔다 한 거죠.

면담자   첫해는 거의 진도에서?

도언 아빠   집사람은 진도 [외에도], 집사람 같은 경우에는, 저만 그런 거예요. 집사람은 49재가 끝나고 난 이후에 계속 안산에서 활동을 하면서 주말에 진도를 이제 왔다 갔다 한 거고. 저는 진도만 거의 왔다 갔다 하고, 그러면서 몇몇 부모님들하고 어울리기도 하고 술도 그때는 밖에서 거의 먹었을 거예요. 그러다가 아무리 같은 입장에 있는 부모라도 생각의 차이가 있기 때문에, 거기에 대해서 그 부분에 강요는 하지 않습니다. 다른 사람 의견에 대해서 크게 반박을 한다든지 그런 스타일이 아니기 때문에 많이 좀 들어주는 스타일, 저 같은 경우엔 그런 스타일이거든요. 〈비공개〉 지금도 그냥 우리하고 그래도 생각이 어느 정도 비슷하고, 그 전에 살아왔던 부분들이 좀 비슷했던 부분들, 그런 부분의 사람들 이렇게 몇몇, 가끔 1주일에 뭐 한 번, 2주일에 한두 번, 이 정도 보는 정도. 맨날 거의 보던 사람들, 나머지 사람들은 잘 안 보게 되는…. [바깥으로] 나가게[됐을 경우], 같이 자리가 이렇게 어디 집회라든지 갔을 때는 아는 척하고 인사하고 안부 묻고 할 정도 그 정도밖에 안 돼요.

3
안산-진도 가족들 사이에 생긴 금

면담자　　　주말에는 진도에 많이 계셨다고 하셨는데 시간이 지날수록 미수습자 가족 분들이 심경이 좀 변한다거나, 아니면 내려오셨을 때 점점 더 가지 말라고 하신다거나 그런 변화가 조금 있었던 거 같으세요? 어떠세요? 처음 가셨을 때랑 이제 여름에서 날이 선선해지고 추워지는 시기에서?

도언 아빠　　　근데 저희들이 갔을 땐, 시간이 가면 갈수록 지금 남아 있던 부모님들도 마음이, 한마음을 이루질 못했어요, 제가 보기에는. 〈비공개〉 저희들이 그때 마지막에 갔을 때도 그랬거든요. 저희들도, 위에 있는 사람들도 뭐 어차피 위에서 활동을 해야 되는 사람들은 위에서 활동을 해야 되니까. 그때는 또 절박했던 상황들이었으니까. 위에서 활동을 그 사람들은 그 사람들 나름대로의 좀 서운, 내가 보기에는, 안 되는 부분들을 많이 서운해하고 있더라구요. 〈비공개〉 그 사람들 생각은 또 다르겠죠, 분명히. 저희들도 그때 분명히 내려갔을 때 그랬단 말이에요. "빼면 안 된다, 절대. 어떻게 하든지 간에 사수를 해야 될 것이다". 그리고 우리하고 합의를 했었어요, 그런 부분들을, "그렇게 하겠다"라고. 근데 그다음 날 뒤집어서.

면담자　　　철수를 하는 거에 동의를 하신 거예요?

도언 아빠   응. 그때 여기에 대책위 사람들도 내려가서 했단 말이에요. 그 사람들 만나서 확답을 받았었어요, 그 사람들한테. 끝까지 그거를 "사수를 하겠다", 그런 식으로. 근데 그다음 날 바로 다시 빼기로 합의를 했다고 그러니까, 그렇게 되면 서로가 의심을 하게 돼요.

면담자   '신뢰가 없다' 그런 생각을 하신 건가요?

도언 아빠   그렇죠. 서로가 의심을 하게 [돼서] '저 사람들이 갑자기 왜 저런 결정을 내렸지? 뭔가 모종에 뭔가 있는 거 아닌가? 거기에 관련된 관계자들하고 또 이야기를 해서, 뭔가 이야기를 한 거 아닌가?' 그런 식의 이제 의심을 할 수밖에 없는 상황이 돼버리는 거죠, 그렇게 되면. 〈비공개〉

면담자   예. 동의가 안 되는 부분도 많이 있으셨어요?

도언 아빠   그렇죠. 〈비공개〉 똑같은 마음으로, 움직이더라도 똑같은 마음으로 가야지. 누가, 누구는 누구의 입장이 그러니까 그런 식으로 행동하고 한다는 거는 그건 문제가 있다는 거죠, 저는 분명하게.

면담자   아버님은 계속해서 진도에 왔다 갔다 하셨으니까. 어떻게 보면 그냥 위에만 계셨던 분들보다는 진도 상황이나 미수습자 가족들을 훨씬 더 잘 아셨던 거잖아요?

도언 아빠   조금 알았죠, 많이는 모르지만 조금 좀 알았죠. 그분들도 내려갔을 때 저한테 어떤 분들은 그렇게 이야기하는 분도 계셨어요, 힘들다고. 그런 마음, 서로가 한마음을 이루지 못하니까 거기에 대해서 뭔가 그래도 한 가지 뭐 통일된 뭔가를 찾아야 되는데 그런 걸 찾지를 못하니까, 서로가 많이 티격태격했던 거 같아요.

면담자   그때 제일 중요한 건 어떤 거였어요? 수습 방식이었어요? 아니면 시기, 언제 철수할지 말지였어요?

도언 아빠   수습 방식도 마찬가지고, 하는 일, 하는 과정 마찬가지고, 지금 방금 말씀하신 '계속 남아 있어야 되나, 여기서 이제 철수를 해야 되나' 그런 복합적인 문제였겠죠, 그런 복합적인 문제를 가지고 [고민들을 하고 있었어요]. 그리고 제일 크게 다뤘던 문제들은 그런 부분들이었을 거예요, 수색하는 부분.

면담자   어느 곳 수색해야 되나?

도언 아빠   그거는 어느 곳이라기보다는 이제 부모들 입장에서는 성에 차지 않는 수색을 한다는 그런 부분들이겠죠. 그런데 이제 미수습자 부모들 같은 경우에는 바지선을 이제 이렇게 계속 탈수 있었던 상황이[었고], 그런 상황이었거든요. 저희들은 인원이 워낙 많다 보니까 한정된 인원이 가야 되는 거고. 근데 계속 거기에서 탔던 이제 [미수습자] 아빠들은 그렇게 이야길 하더라구요. "자기들은 직접 눈으로 봤다"고, "진짜 힘들게 [수색]하는 거[를] 자기[도] 안다"고. 그런 분도 있는 반면에 거기에 대해서 불만을 토로하고, 욕하고, 막 그런 사람도 있고 막 그런 거죠. 제가 듣기로는 그랬어요.

4
안산-진도를 오가며 활동하던 시간들

면담자   주말에 가서 계실 때는 거의 주말 내내 진도에 계셨던 거예요?

도언 아빠   그렇죠. 계속 1박을 하고 와야 되는 상황이죠. 저희들이 여기서 내려갈 때 저녁, 저녁에 아마, 아니지 점심, 점심 정도에 차를 타야 되는구나. 그렇게 해야지 그 사람들이 저녁을 먹으니까 저녁시간 맞춰서, 음식이니까, 저녁에, 저녁에 먹을 수 있게끔 그 시간에 맞춰서 가야 되니까, 거의 한 12시, 1시 차 정도 타고 갔던 거 같아요, 여기서. 그러면 그다음 날 올라올 때는 저녁 한 6시, 이 정도 차를 타고 오면 여기 오면 12시 정도, 그렇게 됐던 거 같아요.

면담자   왔다 갔다 하시는 거에, 다른 부모님들도 혹시 비슷하게?

도언 아빠   몰랐죠. 우리, 여기 있는 부모들한테 이야기 안 하고 우리 둘만, 부부만 해서 잘 몰랐죠. 그니까 우스갯소리로 어떤 부모들은, 자주 술자리 할 때 어떤 부모들이 그런 말 한 부모들이 있어요. "그렇게 거기에 투자한 돈으로 우리한테 술이나 사주지" 했던 부모도 있어요, 웃으면서.

면담자   갈 때마다 식사 준비를 하셨으면 정말 비용이 만만치 않으셨겠어요.

도언 아빠　　　지원을 많이 받았죠. 지원도 많이 받고 저희들 개인적으로 좀 한 것도 있고.

면담자　　　아버님, 계속 생업은 일단 하시고?

도언 아빠　　　아니요, 그때는 안 했죠.

면담자　　　아예 접고 계셨던 거에요? 어머니도?

도언 아빠　　　그때도 그 사람도 마찬가지로 애기 그렇게 되고 가게를 닫았죠, 계속 한동안 세만 주고. 또, 시내니까 가게세도 비싸고 그러니까 감당이 안 되니까 다른 사람한테 넘겨버리고.

면담자　　　어머니가 활동을 더 많이 활발하게 하셨던 거 같은데, 주중에 아버님은 안산에서 활동 안 하셨던 어떤 이유나 이런 것이 혹시 있으세요? 평일 활동.

도언 아빠　　　평일 활동을 안 했던 것들은, 제가 조금 약간 성격이 좀 지랄 맞아요. 조금 그런 부분이 있는데, 누군가의 통제를 받고 막 그러는 걸 제가 되게 싫어해요. 무슨 뜻인지 아시겠어요?

면담자　　　네. 그 당시에는 거의 협의회에서 다 이게 조직이 돼 있고, 거기에 맞춰서 하게 돼 있는 그런 방식이었던 거죠.

도언 아빠　　　그런 게 저는 되게 싫거든요. 내가 가도 내 마음이 자유롭게 행동을 하고 그런 것들을 저는 원하[는데], 여지껏 그러고 살았으니까요. 그런 부분들이 저는 좀 싫었어요. 그래서 잘 안 갔고, 거기에 대해서 틀에, 틀에 묶여 있는 그런 부분들, 그런 게 싫었어요. 가면 꼭 같이 움직여야 되고, 막 같이 행동을 해야 되고 그런 것들, 그런 것들이 저는 싫더라고. 그전에, 처음에는 그래도 좀 그래도 가긴 갔죠, 광화문도 가고. 근데 시간이 지나면서 이제, 지금 탄핵이, 탄핵이 되면서 이제 광화문을 계속 또 가게 된 거잖아요. 그 전에 이제 한참 저희들이 막 특별, (면담자: 특별법) 특별법 요구하고 할 때 그때 집회할 때 그때는 자주 가게 된 거고. 그때는 지금보다 훨씬 그래도 자주 갔죠, 광화문을. 근데 그러고 난 뒤에는 거의 안 가다가 이번에 이런 상황이 되면서 이제 한두 번 정도, 두 번 정도 광화문에 갔던 거 같아요. 그래서 저는 똑같이 해야 되고 막 그런 통제하는 부분들이 싫어서 저는 안 가는 거예요, 솔직히 말하면. 제 나름대로 자유롭게 뭔가를 해야 된다 그러면 모르겠는데 그렇지 않고선 그런 게 싫더라구요.

면담자   어머니가 하시는 활동에 대해서는 지지는 하시는 거죠? 어떠세요?

도언 아빠   그렇죠. 지지를 하는 거는, 일단 해야 된다는 걸 저도 알기 때문에. 제가, 제가 그렇게, 그렇게 적극적으로 하지 못하면 집사람이라도 자기가 하고 싶다 그러면은 해야죠. 그 부분에 대해서는 불만을 갖거나 하지는 않습니다. 다만 제가 참여를 못 했다는 거에 대해서는 저도 죄책감을 느끼긴 해요. 그런 부분 미안하기도 하고.

면담자   당시에 주말에는 어머니하고 진도 가고 하실 땐데

평일에도 마음이 되게 힘드셨을 거 같아요. 또 어떻게 보면 활동을 하시는 분들은 몸은 움직이고 그러니까, 어떤 부분에서는 마음은 편해지는 부분은 있을 거 같거든요. 오히려 안 하시면 마음이 막 더 아프시고 힘드시고.

도언 아빠　　　그런 거는 있습니다. 그건 저도 인정을 합니다. 초창기 때는, 첫해에는, 첫해에는 그렇게 계속 왔다 갔다 하다가, 계속 TV에만 올인을 했어요, 뉴스에만. 그때는 상황이 TV 뉴스 보고, 그때 한참 정해진 게 없었으니까, 그리고 주말에는 진도 가고. 거의 그렇게 생활했던 거 같아요.

면담자　　　그때는 약주 많이 하시진 않으셨어요?

도언 아빠　　　그때부터 그렇게 먹은 거죠. (면담자 : 아, 그때부터)

도언 아빠　　　거의 첫해부터, 첫해부터 거의 일단 밥이 안 넘어가니까, 밥을 잘 먹을 수가 없으니까, 그냥 거의 술을 먹었던 거 같아요. 술을 먹어야지 [잠을 잤어요, 안 먹으면] 잠을 못 자니까. 지금은 습관화가 된 거 같아요, 조금. 제가 보기에는 그때 당시에는 일단 잠이라도 자고 싶으니까 술을 먹었는데, 지금은 그게 습관화가 된 거.

면담자　　　오히려 주량이 더?

도언 아빠　　　늘어.

면담자　　　술이 원래 또 먹다 보면 계속 또 늘게 돼 있으니까.

도언 아빠　　　그런 거 같아요.

면담자　　　병원 치료를 받으시거나 그러신 건 없으셨어요? 건강에는?

도언 아빠　　　그런 건 없었어요. 치료, 병원 자체를 가고 싶다는 생각이 없었으니까. 뭐 가끔 트라우마 치료, 상담, 그렇게 연락은 왔는데 거기 한 번도 응한 적은 없는 거 같아요.

면담자　　　그때는 왜⋯ 혼자 그냥 이겨 낸다거나 아니면?

도언 아빠　　　이겨내는 게 문제가 아니고요, 이겨내려고, 이겨내는 게 아니고 그냥 싫었어요, 그냥. 사람들 만나는 게 별로 싫고, 지금도 그거는 마찬가지고요. 사람들 만나서 이야기하는 자체도 싫으니까, 지금 같은 경우에도 거의 인간관계가 많이 좀 망가진 거죠, 지금. 한 3년이 다 돼가니까.

면담자　　　당시에 도언이 오빠는 나이로 하면, 이제 군에 입대를 했나요?

도언 아빠　　　맞아요.

면담자　　　집에 없었어요?

도언 아빠　　　첫해 그렇게 된 날 14년도에, 14년도 개가 6월, 6월 21일인가? 그때 아마 입대를 했을 거예요. 그니까 23일이었나, 도언이 49재 끝나고 3일 뒤였나? 3일 뒤가 입대 날이었는데, 연기하겠다고 하는 거 그냥 갔다 오라고 했어요, 일찍. 어차피 가야 되는 거, 안 가는 것도 아니고 몇 개월 연기한다고 해서 큰 도움이 되는 것도 아니고, 그냥 가라 그랬어요.

면담자   영장 나오고 그냥 바로 간 거예요?

도언 아빠   도언이 49재, 동생 49재 끝내고 마무리하고 며칠 있다가 바로 입대를 한 거죠.

면담자   어머님이 밖에 다니셨던 거고, 아버님은 어차피 혼자 계실 수밖에 없는 그 조건이었던 거네요?

도언 아빠   그러고 저는 그해는 그렇게 지내고 그다음 해부터 조금씩, 조금씩 일을 하기 시작한 거죠. (면담자 : 사업 다시 재개를?) 누가 이야기하면 나가서 이제 이렇게 조금씩, 조금씩 다시. 그러다 보니까 참가할 수도 없을, 없는 상황이 되는 거죠. (면담자 : 일이 들어오면 그거 맞춰서) 해야 되니까, 해줘야 되니까. 그때는 일하다가 말다가 그러니까, 일 안 한다고 가서 활동하고 그렇게는 잘 안 되더라고. 그래서 거의 뭐 가끔 생각이, 생각이 들면 움직였던 거 같아요, 그때. 그렇지 않고서는 거의 집에 있다든지 아니면 회사에 나가 있든지, 그랬던 거 같아요.

면담자   진도에 계실 때 경찰관 한 명 사망한 사건을 접하셨다고요?

도언 아빠   맞아요. [진도대교에서] 투신했던 이야기는, 이야기는 그때 들었던 거 같아요. 이야기만 들었지 직접적으로 본 건 아닌데, 그 사람 뭐 이야기 들어보니까 그 사람이 계속 진도에서 유가족, 그 고충들 그런 것들 이렇게 담당하고 그렇게 했던 경찰관이라고 그러더라고. 그것도 솔직히 모르겠습니다, 전. 지금, 지금은 거의가 엄마, 아빠들이 좀 불신이 너무 많이 심해져 있는 거 같아요. 그런 것들도 쉽게 와닿는 거 같지가 않는 거 같아요, 부모님들도 보면은.

면담자　　　겉으로 나오는 그대로 정말 그런가 하는가에 대해서 계속 한번 다시 생각하고, 좀 의심하게 되고, 습관적으로도 그렇게 하시게 된 거네요?

도언 아빠　　　거의 그런 거 같아요, 내가 보기에도. 먼저 의심하고, 처음에, 처음에는 진도에서는 언론만 쫓아다닌, 쫓아다녔을 거예요. 어떻게 빨리 막 애기들 찾기, 못 찾았을 때, 그때는 언론들 엄청난 언론들이 와 있었으니까. 무슨 일 있으면 막 이야기해서 좀 보도해 달라 그러고, 오라 그러고. 거기서 [언론인들을] 인솔도 하고 그랬던 거 같아요, 부모들이 처음에 초창기 때는. 그러다가 나중에 이제 알게 된 거죠, 언론 그게 아니었다는 걸. 처음엔 몰랐죠. 누가 그걸 알겠어요, 처음에. 그런 걸 신경 쓸 사람도 없었고.

면담자　　　맞아요. 방송을 다 챙겨서 일일이 다 볼 수 있었던 것도 아니었고.

도언 아빠　　　그때는 언론에 많이 매달렸을 거예요, 부모님들. '막 이야기해 달라' 그러고, '이런 부분들 문제 있다' 그러고. 그때 저도 기억이 나요, 그런 부분 했던 부분들.

면담자   점점 시간이 지나면서 또 자원봉사 하는 분들도 당연히 점점 수가 줄고, 언론도 남는 사람이 줄고 그럴 때, 거기 계시는 가족분들이 어떤 상실감이나 아쉬움 이런 것들을 혹시 아버님한테 말씀하시거나 그랬나요?

도언 아빠   그런 부분들은 이야기한 건 없는 거 같아요. 사람들이 빠져나가고, 근데 그 사람들은 자원봉사자들이나 언론들이 빠져나가는 게 아쉬운 게 아니고, 그 옆에 같이 있던 부모들이 한 사람씩, 한 사람씩 사라지는 게 그게 더 아마 힘들었을 거예요, 그런 부분들[이]. 끝까지 남아 있어야 되니까 그분들은.

면담자   그렇죠. 아버님도 도언이 찾았을 때, 그것도 얘기가 좀 그렇긴 하지만, 어쨌든 도언이는 조금 더 빨리, 그래도 다른 애들 많이 나왔을 때 같이 나왔잖아요. 안산에 돌아오셨을 때, 뭔가 [팽목항에] 남아 있는 분들은 떠나는 분들에 대해서 '좋겠다', '잘됐다' 이런 분위기들이 좀 있었어요?

도언 아빠   아니죠.

면담자   그런 건 아니었어요? 먼저 찾았다고 더 잘됐다 그런 건 전혀 없었어요?

도언 아빠   그렇죠. 그런 부분들은 아닌 거 같아.

면담자   그것도 시간이 좀 더 지나서.

도언 아빠   한편으로 시간이 좀 지나고 난 뒤에, 한편으로 그런 생각했을 수도 있겠죠, '다행이다' [하는] 생각. 그때는 그런 생각을 가질 여력이 없었던 거 같아요.

면담자	아, 아버님은 당연히 그러시고, 다른 부모님들, 남아 계신 분들, 한 분씩 애기 나오면 안산으로 가고 진도 생활 접게 되니까, 남아 있는 분들 입장에서는 또 약간 마음이 좀 복잡했을 거 같아요.

도언 아빠	그랬겠죠.

면담자	애기를 기다리기도 하는 거지만, 희망을 가지고 있기도 하지만, 또 '왜 이렇게 안 올까' 그런 생각도 할 수 있을 거 같고.

도언 아빠	거의 그랬을 거예요. 지금, 도언이도 아마 거의 중간 쯤이었으니까요. 그니까 도언이 찾았을 때가 거의 중간쯤이고, 거의 반은 남아 있었다는…. 반은 아직 못 찾았던 부모들이 그때까지도 많이 있었다, 그때 [그랬던 것으로 기억해요].

〈비공개〉

면담자	아버님 계시는 동안에 잠수사분들하고도 혹시 말씀 나누셨나요?

도언 아빠	이야기한 적은 없어요.

면담자	얘기해 보신 적은 없으세요? 그래도 안면은 있나요?

도언 아빠	그런 것도 전혀, 의식을 하고 생활을 하고 거기에서 있었던 거 같지는 않아요.

면담자   하긴 아버님께서 바지선을 타신 건 아니니까, 그렇게 직접적으로 맨날.

도언 아빠   그 많은 사람들 중에서 그때 당시에는 바지선을 태워주는 사람이, 아니지, 그때는 바지선도 타지도 못했어요, 그때는. 그냥, 바지선이 아니고 작업을 하는 걸 보기 위해서 경비정 있죠? 해병 경비정[에] 몇 명 태워서 가서 보여주고 오고. 그것도 계속 가는 게 아니고 어쩌다 한 번씩 이렇게 했었어요. 그니까 그때는 바지선을 탈 수가 없었을 때였어요, 부모들은. 태워주지도 않았구요.

면담자   나중에 가서야 이제 미수습 가족들 남았을 때, 그분들은 이제 수가 적으니까, 계속.

도언 아빠   나갈 때, 작업 나갈 때, 잠수사들이 작업 나갈 때 같이 타고 나가서 바지선에서 지켜보고, 모니터 지켜보고 한 거지, 제 기억으로는 초창기 때 그런 게 없었던 거 같아요.

면담자   그렇죠, 엄두를 내기가 힘들었겠네요.

도언 아빠   처음에는 어선들도 그걸 접근을 못하게끔 했는데, 그걸 부모들을 바지선에 태우겠어요? 그때는. 작업도 하지도 않았을 땐데.

5

특별법 제정 운동과 그에 대한 생각

면담자   아버님, 그해에 특별법 서명하고 그럴 때, 부모님들이 전국에 다니시고.

도언 아빠   네, 네, 네.

면담자   반별로 그렇게 하셨었잖아요. 그때 아버님께서 광화문에 함께 나가셨다고 하셨어요. 어떠셨어요?

도언 아빠   그때는 광화문에 그래도 조금 갔었죠, 그때 당시에는. 항상 서명하고, 광화문에도 가고, 그러고 또 무슨 프로그램, 참여연대나 이런 쪽에서, 시민연대나 이런 데서 프로그램을 만들어 갖고, 청춘열차 이렇게 해서 그런 것도 타 보고. 거기서 기차 안에서 진도까지 내려가는, 이제 목포에서 다시 버스를 타고 들어가야 되니, 목포까지만 그때 갔을 거예요. 그런데서 간담회 같은. (면담자 : 열차 안에서?) 네, 객실에서요.

면담자   그런 프로그램도 했었어요? 다른 단체하고 같이?

도언 아빠   예, 예. 초청, 가족분들 초청한다고 해서, 신청해서 그런 것도 타봤던 거 같아요. 타서 이제 시간되면 그 사람들한테 상황 같은 거 물어보면 답해주고 그런 간담회 방식.

면담자   일반 승객들이 있고? 거기에서?

도언 아빠   아니, 아니. 연대, 연대. 시민 아니면 개인적으로 이제 신청해서 그런 사람들.

면담자   그때 당시에는 많이 희망을 가진 부분이 있었잖아요. 특별법이 제정되면 뭔가 진상 규명에 되게 속도가 날 거라고. 아버님도 그렇게 생각을 하셨어요? 어떠셨어요?

도언 아빠   (한숨) 좀 안타까운 이야기지만, 저는 그렇게 생각하지는 않았습니다. 특별법이 분명히 만들어져야 되긴 한데, 그게 특별법이 만들어진다고 해서 그게 진상 규명이 될 거라고 생각해 본 적은 없습니다. 왜냐하면 내가 그 세대에 살았기 때문에, 지금 부모님이 다 비슷한 세대이지만 저는 조금은 알았었거든요. 그, 그 여자[박근혜 대통령]는[가] 어떻게 살아온[살아왔는지] 과정을 저희들은 알잖아요, 그거를. 그런 부분들이 없지 않아 있었기 때문에, 제가 생각할 때, 저 혼자서 판단할 때는 그래요. 원래 그런 환경에서, 분명히 거기에 대해서, 자기 청춘을 거기[청와대]에서 살았는데, 사람이 생각이 쉽게 바뀌지는 않아요, 생활 패턴도 마찬가지고. 저는 어느 정도는 예상을 했던 거예요.

도언 아빠   별로 크게 달라지지는 않을 거라고 보셨다고요? 초기부터 그런 생각을 하셨던 거예요?

도언 아빠   저는 느낀 거예요. 그 전에도 '어차피 그 아버지의 그 딸이니까'라는 생각을 한 거죠.

도언 아빠 김기백

면담자	그래서 계속 비관적인 예상을 하고 계셨던 거네요?

도언 아빠   그렇죠. 저는 긍정적으로는 안 봤습니다. 특별법이 분명히 만들어, 아까도 말씀드린 거처럼 만들어져야지 어느 정도 [국민들이] 신용을 하겠죠, 신용을. 근데 그거를 그런 상태에서 자기 아버지 밑에서 배웠던 정친데, 정치도 아니지 솔직히 정치라고 볼 수 없는 거지, 배운 게 그건데. 거기에서 그거를 저는 감히 그냥 그렇게 생각이 들더라구요.

면담자   애들 할아버님은 군인이셨고, 여당 정당 활동 같은 것도 하셨고, 지역도 사실은 여당이 물론.

도언 아빠   오랫동안 했었어요.

면담자   예. 아버님 혹시 그전에 정치 성향이 어떠셨어요?

도언 아빠   여당 쪽은 아니구요. 저희들도 좀 많이, 친구들도 그렇고 그런 쪽[학생운동]에 친구들도 좀 꽤 많았었어요, 학교 다니다가 잘린 친구들도. 우리도 학교를 못 가고, 그때 당시에는 80년대에는 다 그런 세대였으니까. 학교에 못 가게 전경 애들이 지키고 있고, 맨날 데모하고 했던 그때 그 시기니까, 두드려 맞아보기도 하고. 저희들도 그런 세대에서 살았기 때문에.

면담자   예, 그런 것들을 경험하셨고.

도언 아빠   그렇죠.

면담자   그 시대나 정권이 어떻다 하는 느낌을 어릴 때부터 계속 가지고 계셨던.

도언 아빠   어릴 때부터라기보다는, 성인이 되면서 그렇게 생각을 했겠죠. 성인이 되면서부터 어느 정도는 생각을 하고 있었긴 했는데, 이번에 [박근혜] 정권이 들었을 때도 저는 많이 긍정적으로 본 건 없거든요. 그러다 보니까 많이 희망적으로 생각해 본 적은 없어요. 저는 생각한 게, 집사람한테 이야기한 게, 아마 이 정권이 무너지고, 무너진 게 아니고, 지금은 무너지려고 하고 있지만 이 정권이 넘어가서 다음 정권이나, 누군가가 잡아서 정말 그런 의지가 있다 그러면은 어느 정도는 해결이 될 수 있을지 모르지만, 아마 이번 정권에서는 힘들 거라는 이야기를 한 적도 있어요. 많이, 집사람하고 [이야기했어요].

면담자   참사 직후에도 그런 생각을 하고 계셨던 거네요?

도언 아빠   그렇죠. 그래서 집회 같은 것도, 제가 많이 끊었던 것도 그런 것[이유]들도 있었을 거예요. 트라우마 같은 것들, 가긴 가끔 가긴 가는데 적극적으로 못했던 그런 부분들, 약간의 트라우마 같은 그런 부분도 없지 않아 있어요.

면담자   아, 혹시 고등학교, 중학교, 고등학교 다니실 때도?

도언 아빠   그때는 아니죠.

면담자   통제를 경험하시거나 한 적이 있으신가요?

도언 아빠   고등학교 때는 통제를 했죠, 당연히. 고등학교 때부터 그랬으니까. 80, 제가 80년대에 고등학교를, 제가 83학번이니까, 80년대 학교를 들어갔으니까 그때부터 그 이제 쿠데타로 인한, 군사 쿠데타로 인한 정권이 잡았으니까, 그전에도 마찬가지지만, 그 사람도 마찬가지지만, 또다시 80년대에 들어와서 또 그렇게 됐으니까요. 고등학교 때 정문 앞에 전경들이 지키고 있고, 무장해서 그때도.

면담자　　　그런 경험들 있으셨고, 사회가 어떻게 돌아가겠다 하는 걸 크게 보셨던 거네요?

도언 아빠　　　크게 본 거는 아니고, 제가 거기까지, 그 정도에 그런 건 아니고 제가 막연하게 느낌이, 제 느낌이[었던 거죠].

면담자　　　그 부모님들 중에서도 당연히 이번 정권이 들어설 때도 지지했던 분들이 있었겠네요?

도언 아빠　　　있어요.

면담자　　　그랬다가 이제 완전 돌아서게 되신 건지?

도언 아빠　　　어떤 부모님들, 그런 말하는 부모님도 계십니다, "자기 손목을 잘라버리고 싶다"고.

면담자　　　그렇겠죠. 전 국민의 51퍼센트가 뽑았으니까, 부모님들 중에서도 사실은 뭐 50퍼센트 절반은 계시다고 보는 게 더 맞는 거니까.

도언 아빠　　　뭐, 어떻게 됐든, 부정선거가 됐든 [아니었든] 일단은 대통령이 됐기 때문에, 그 사람들이 찍었기 때문에 대통령이 된 거기 때문에, 그렇게 이야기하는 부모님들 있어요. "손목을 잘라버리고 싶다".

면담자 　　　열차 타신 경험이 있으셨고, 한참 여름이었잖아요. 국회에 농성도 있고, 청운동에서도 하시는 분도 있었는데, 어머니는 다 참여를 하셨어요?

도언 아빠 　　다 했죠. 집사람은 거의 다 했죠. 다 하고 거의 거기서 노숙하고 계속 그런 거까지 다했죠. 그러고 또 집사람이, 도언 엄마가 팽목[까지] 도보[도 완주를 했어요].

면담자 　　　네, 네, 네. 19박 20일.

도언 아빠 　　갈 때 다 했으니까, 또 저는 집사람 도보할 때 마지막 팽목에서 이제 만난 [거죠].

면담자 　　　팽목에 내려가서서 만나셨어요?

도언 아빠 　　원래는 같이 어떻게 하려고 했는데, 저도 그때 같이 신청을 하려고 하다가, 그 시기에 다시 제가 또 일이 들어와 가지고, 저는 또 회사에서 일을 하고 있었어요, 그때.

면담자 　　　어머니가 아무리 날이 여름이라고 해도, 노숙하고 그러시면 몸이 많이 상하시고 그럴 텐데 걱정되지는 않으셨어요?

도언 아빠 　　당연히 되죠, 걱정이 안 될 수가 없죠.

면담자 　　　말리고 싶거나 그러시진 않으셨어요?

도언 아빠 　　　말린다고 될 사람은 아니라는 걸 알기 때문에, 제가 뭐 한두 해 산 사람도 아니고, 이 사람 성격을 아니까. 이 사람은 말린다고 해서 될 사람은 아니고, 자기가 하고 싶은 건 해야 되니까. 참, 성격이 적극적이기 때문에 그냥 응원해 줄 뿐인 거지, 말리지는 못하고.

면담자 　　　아버님이 오래 사시면서 알게 됐다고 하는 어머니 성격이 이 일[세월호 참사]을 계기로 해서 강화된 측면이 있는 거네요?

도언 아빠 　　　좀 그런 부분이 없지 않아, 강화라기보다는 독기가 나오는 거예요, 사람이. 지금은 보면 아빠들도 힘들어하는 사람들이 진짜 많겠죠, 겉으로 표현을 못하니까, 저도 마찬가지겠지만. 엄마들은 그래도 여자들이니까 울고 싶을 때는 울고 막 그러잖아요. 근데 지금 엄마들 이렇게 하는 행동들 보면 좀 그냥 독기 같아요, 독기. 그런 부분들 보면은, 거의 엄마들을 보면 다 그런 거 같아요, 활동하시는 분들, 쌓여 있는 사람, 다. 〈비공개〉

면담자 　　　어머니가 활동 폭이 넓고 적극적으로 하실 때 약간 부부간에 갈등이 되시거나 그런 건 없으셨어요? 아무래도 걱정이 되시기도 하고, 또 한편으로는 그때 활동 안 하시는 분들은 안 하시잖아요. 그러니까 '다 같이하거나 돌아가면서 하면 안 되나?' 하는 생각. 활동하시는 분들은 계속하시고 몸이 상하시고 그러다 보니까. 어떤 생각 드셨는지요?

도언 아빠   당연히 그런 마음은 들었죠, 조금은, 조금 몸을 생각
해 가면서 해줬으면 했는데, 그때는 그런 말, 그 사람이 아마 내가
그런 말했다 그러면 사치라고 생각을 했을 거예요. 내 마음은 그렇
지만, 내가 그렇게 말을 했다면, 그 사람은 그거는 자기한테 본인
한테 그게 너무 사치라고 생각했을 거예요.

6
참사 이후 친척들과의 관계, 식구들의 삶

면담자   그런 말씀 한 번도 직접 하신 적은 없으세요, 지금까지?

도언 아빠   네, 마음에만 가지고 있었을 뿐.

면담자   또 한편으로는 도언이 오빠도 계속 군에 있으니까
사실은 거의 부모님하고 대화하거나 그러기는 어려웠었겠네요. 걱
정을 많이 하시지는 않았나요? 군대 있으면 나오지도 못하고.

도언 아빠   걱정은, 개도 걱정은 했겠죠. 걱정은 하긴 했는데,
사람마다 어차피 다르니까, 얘도 좀 살가운 성격은 아니니까, 표현
은 많이 안 했던 거 같아요. 걱정한 말은 했겠죠, 전화도 자주 오
고, 통화도 하고 했으니까. 요즘 군에서 통화는 자주 할 수 있으니
까, 통화는 자주하고 그랬으니까. 근데 크게 뭐 저희들이 크게 개
한테 바라고 그런 거는 없었던 거 같아요, 그냥 자기 스스로, 자기
도 힘들었을 거니까. 나중에 친구들한테 들어 보면, 들어보면 얘도

많이 힘들어했다라고 그러더라고. 당연히 힘들었겠죠.

면담자　　　그거를 사실 가족들끼리는 오히려 말을 못하잖아요, 다른 사람한테는 얘기할 수 있을지언정. 그리고 아까 말씀하신 게 부산에 계신 부모님하고도 거의 연락 안 하셨다고 그러셨는데, 제가 생각해도 친척이나 가족, 아주 가까운 사이라고 해도 또 다르잖아요. 그만하라고 할 수도 있고. 그때부터 이미 벌써 여름, 가을 접어들 무렵에 언론에서도 분위기가 많이 바뀌기도 하고 그랬었는데 어떠셨어요? 가족이나 형제분들하고 생각이 다르거나 그러신 건 없으셨어요? 가족들은 이제 몸 생각해서 이제 그만해도 되지 않냐 얘기했을 수도 있고.

도언 아빠　　　아, 그랬[어요]. 아마 대다수의 가족들은, 제가 보기에는, 거기에 호응을 하는 사람보다는 아마 말리는 쪽이 많았을 거 같아요, 제가 보기에는. 무슨 의미인지 아시겠죠?

면담자　　　네. 저는 그리고 오히려 같이 활동하고 마음이 맞는 분들이 더 가깝다고 생각이 들지, 멀리 떨어 있는 부모나 형제가 그렇게 위로가 되지 않을 수도 있다는 생각이 들거든요, 생각이 또 다르면.

도언 아빠　　　그거, 그거는 맞아요. 지금 말씀하신 거처럼, 제가 봐도 가족이나 형제가 도움이 되지는 않은 거 같아요.

면담자　　　도언이 할아버지, 할머님은 언제 돌아가셨어요?

도언 아빠   할머니는 오래전에 돌아가셨죠. 2000년도에 돌아가신.

면담자   아버님 어릴 때부터 또 편찮으셨던 적도 있으셨다고, 췌장암.

도언 아빠   네.

면담자   참사 당시에는 도언이 할아버지 혼자 살고 계셨던 거예요, 부산에?

도언 아빠   그렇죠. 그 옆에 누나가 있으니까 누나가 돌보고 있었겠죠, 제가 여기 올라와 있으니까.

면담자   누나분들이나 여동생분은, 어려운 문제이긴 한데, 그래도 같이 활동을 하시거나 그런 건 없었어요?

도언 아빠   그런 건 없었어요. 밑에 부산에 살고 있으니까 어떻게 활동을 하는지는 모르죠. 근데 제가 보기엔 활동을 하고 그러진 않았을… [겁니다].

면담자   그해에는 명절 지내거나 아니면 가족 행사 있을 거 아니에요, 그런데도.

도언 아빠   참가를 안 하죠, 거의. 하는 분들도 있겠지만 안 하는 분들도.

면담자   추석에도.

도언 아빠   지금도, 지금도 거의 그게 어느 정도 될지는 모르겠는데 아예 안 찾아가고 그냥 그 자기들만, 자기 가족들만 이제 생활하는 분들이 되게 많을 거예요.

면담자　아버님은 명절을 어떻게 지내셨어요?

도언 아빠　그냥 우리 가족만.

면담자　가족끼리만 하셨어요? 그게 참 어려운 문제인 거 같아요. 더군다나 그해에 대리기사 폭행 얘기도 나오면서 여론을 완전히 역전시킨 부분이 있었고, 정부가 완전히 배·보상 문제 가지고 나오면서 가족들을 갈라놓기 시작했었잖아요. 아버님께서 뉴스 많이 보셨다고 하셨으니까, 그걸 보시면서 좀 어떠셨어요?

도언 아빠　아, 처음에는 저는, 제가 볼 때에는 '약간의 모종의 뭔가가 있지 않았을까' 하는 생각, 그런 생각을 하게 된 거죠. 그 사람들이 초창기, 초창기 대책위 사람들이니까, 그리고 말도 많았고, 그 사람들이 문제도 많이 일으켜 놨고, 그 사람들이 내가 알고 있기로는 국가 쪽으로, 나라 쪽으로 사람들을 많이 만나고 다니는 걸로 알고 있어요. 그래서 약간의 문제가 있었을 거란 생각도, 막연하게 [했어요]. 확실하게는 그런 부분들[이] 있는 거 같아요. 그니까 가족들을 흩뜨려 놓기 위한 그런 방법이 아니었을까 그런 생각을 가지죠.

면담자　계속 한마음으로 같이 정부에 대해서 싸우는 거 같지만 안에서 계실 때 차이도 조금 불거졌다고 볼 수도 있는 거겠네요.

도언 아빠   지금도 배제할 수 없는 부분이에요. 지금도 그런 식
으로 가족들을 흩뜨려 놓으려고 그러고 있을 거예요, 그 부분은.

면담자   네. 그 아까 도보 말씀하셨는데 어머니는 거의 전 일
정을 다 걸으셨던 거죠?

도언 아빠   네.

면담자   19박 20일.

도언 아빠   네, 네.

면담자   그때 연락은 계속 주고받고 하셨어요?

도언 아빠   그렇죠, 연락은 했죠. 전화, 카톡하고 전화하고 뭐
그렇게는 했죠.

면담자   마지막 날에는 아버님도 이제 같이?

도언 아빠   네. 마지막 날에.

면담자   그때가 아마 제일 많이 사람들이 많이 모였던 거였
죠? 거의 몇천 명이.

도언 아빠   그때 사람들이 많이 오게 된, 아마 마지막 날이 아마
주말이었을 거예요, 제 기억으로는 주말이었던 거 같아. 그래서 주
말 맞나? 아마 하여튼 저희들이 대책위 차를 가지고 아마 팽목으로
갔던 거 같아요. 대여섯 명 정도 타서 타고, 아빠들 타고 갔던 거
같아요.

면담자   오랜 시간 걷는 게 살면서 다 처음이실 거고, 보시니까 어떠셨어요? 어머니 보시니까 대견하다 그런 생각 드셨어요?

도언 아빠   눈물 났죠, 솔직히. 대견하다기보다는 안쓰럽고 눈물이 나고, 불쌍하기도 하고, 저러고 살아야 되나 그런 생각도 들고, 하지 않아도 될 일을 하고 있으니까. 그런 부분들이 좀 사람 힘들게 하더라구요. 그리고 하고 난 뒤에도 계속 아파했어요, 막 다리랑 이런 데 무리가 갔을 테니까. 그리고 또 계절도 계절이니까, 추울 때니까, 그것도 힘들었을 거고.

면담자   일 겪으시면서 어머니하고 관계나 마음이 더 좀 애틋해지고 그렇게 변하셨는지, 아니면 두 분 다 너무 힘드시니까 이전에 비해서는 소원해졌다 이렇게 생각 드시는지, 어떠세요?

도언 아빠   예전보다는 조금 제가 볼 때는 약간 더 애틋해지지 않았을까 생각을 해요, 서로가 보기에 불쌍해 보이니까. 서로 이렇게 보면 뭐 예전처럼, 예전에는 웃고 넘어갈 일을 지금은 그렇게 안 보고 하니까, 서로가 약간 애틋해[지는], 그런 감을 가지고 있겠죠.

면담자   아버님도 그런 마음 드세요?

도언 아빠   그렇죠, 불쌍하죠. 불쌍한 마음, 불쌍한 마음이 많죠, 애처럼 생각하면.

면담자   저도 예전에 갑작스럽게 가까운 분이 그 안 좋게 돌아가신 적이 있어서 그러고 나면은 다른 가족들이나 가까운 사람을 또 갑자기 잃게 되지 않을까 하는 그런 불안감이 마음이 딱 자리를 잡은 거잖아요. 어떠세요? 아들에 대한 마음이나, 어머니에 대해서나?

도언 아빠　　아, 그거는 아직은. 지금 다시 누군가를 잃는다는 그런 불안감보다는 딱히 [삶에] 애착이 없는 그런, 가끔 그 사람도 이야길 하는 거 보면, 저도 그렇긴 한데, 저 사람도 딱히 애착, 아등바등 살아야 되고 그런 마음이 없는 거 같아요.

면담자　　삶 자체에 대해서 그런 생각?

도언 아빠　　죽음도 마찬가지고. 삶, 생활 자체가 아닌 죽음 자체가 딱히 애틋하게 그런 [마음을] 가지고 있지 않는 거 같아요, 지금.

면담자　　그럴 수도 있을 거 같아요. 그리고 여간 힘들다 하는 사람들 보면 사치스러워 보일 수도 있고, 또 한편으로는 나이 들어서 돌아가시는 분 보면 그냥.

도언 아빠　　아무런 느낌이 없어요. 그전에 그랬는데… 이제는 '갈 때 돼서 가겠네', 그런 생각 정도. 저희들 또한 아까 말씀드린 거처럼 삶에 대한 그런 애착이 이제는 별로 없으니까, 뭐 '막 살아야겠다'는 생각을 안 가지고 있는 거 같아요, 지금. '아프면 병원에 가야지' 그런 것도 없어져 버리고, 활력소를 잃어버린 거죠, 삶에 대한 활력소를.

7

세월호 유가족에 대한 시선

면담자　　　아버님, 그 뒤에 점점 더 가족 분들이 소외되고 여론에서도 계속 부정적인 이야기들이 많아지고 그렇게 바뀌어가는 거 보시면서 어떠셨어요? 그것도 어느 정도 예상이 되셨는지 아니면 '어떻게 이렇게까지 되나?' 그렇게 생각하셨는지?

도언 아빠　　'이렇게까지' [하고] 생각을 했겠죠. 당연히 저도 인간이다 보니까, 제가, 제가 생각할 때는 그날 이후로는 그냥 좀 삶 자체가 자꾸 드러내면 안 되는 그런 삶, 웃기는 삶이 돼가는 거죠, 점점 더. 공인도 아닌데 공인처럼 행동을 해야 되고, 어디 가서 함부로 해서도 안 되고, 말도 막말을 해서도 안 되고. 그런 것들이 나를 더 힘들게 했던 거 같아요, 그런 것들.

면담자　　　그런 것들을 의식하지 않을 수가 없으셨던 거네요?

도언 아빠　　그렇죠.

면담자　　　안산을 떠나서 다른 데 사시는 건 생각 안 해보셨어요?

도언 아빠　　많이 했죠, 정리하고.

면담자　　　모르는 데 가서 살고 싶다 그런 생각?

도언 아빠　　예. 집사람하고, 도언 엄마하고 그런 이야기를 많이 했죠. '다 정리해서 그냥 이 나라를 뜨려고'도 생각을 했었거든. 근데 지금 아직 그런 게, 마음은 좀 강하게 가지고 있었는데 정리가 안 됐으니까, 정리가 안 된 부분들 때문에 떠나지를 못한 그런 것도 없지 않아 있죠.

면담자   정리가 안 됐다고 하시면?

도언 아빠   애기들 문제.

면담자   아직 밝혀진 게 없는 상황이니까.

도언 아빠   그런 부분들 때문에 쉽게, 가고 싶어도 갈 수가 없는 그런 상황인 거 같아요.

면담자   참 어려운 게, 아버님의 혼자만의 생각이나 마음으로는 다 진상 규명 그냥 두고 아예 모르는 데로 떠나고 싶은 마음이 당연히 드시는 거잖아요. 동시에 또 여기에 계시다 보면 계속해서 뭔가를 요구받는 것도 있는 거죠. "유가족이니까 이렇게 해야지" 그런 것들이 마음에 부담이 되시거나 그러지는 않으신지?

도언 아빠   크죠, 그게. 제가 얼마 전에 그게 언제쯤 됐지? 한 3주 됐나. 5·18, 기억저장소에서 5·18[5·18민주화운동기록관] 간 게 한 3주 정도 됐죠? 5·18 광주 방문했던 게. 제가 거기서….

면담자   3주까지 아니고 한 2주 정도.

도언 아빠   그 정도밖에 안 됐어요? 거기서 화가 좀 났었어요, 솔직히 말하면. 거기 기록관 관장이란 사람이 나이가 좀 많이 든 거 같더라구요, 관장이란 사람이. 그 사람이 운동권 1세대라고 그러더라고, 관장이란 사람이. 그 사람이, 우리가 점심 무렵에 도착을 했는데 첫 멘트가 그거였어요. 자기가 보기에는, 그 사람이 어떤 의미로 그렇게 이야기했는지 모르겠지만, [우리가] "웃고 들어오고, 웃고 있는 얼굴을 보니까 이상하다"라고 이야기를 하더라구요, 저희들한테.

면담자   부모님들이 웃고 계셔서 이상하다고요?

도언 아빠   유가족이 웃고, 그렇게 하고 있는 얼굴을 보니까 자기가…. 그 말을 딱 듣는 순간, 제가 지금 조금 전에 말씀드린 말하고 부합이 되죠? 그렇게 행동을 해야 되는.

면담자   계속 그럼 울고만 있어야 된다는 얘긴지.

도언 아빠   그죠. 대다수의 사람들이, 주위에 있는 사람들이 그런 식의 시선으로 바라보는 거 같아요. 제가 지금, 지금도 사람들을 안 만나려는 이유가 그런 부분들이거든요. 지금도 그냥 가끔 만나는 게 끽해봤자 여기 안산에 와서 알게 됐던 친구가 하나 있는데, 그 친구하고[는] 가끔씩 이제 술 한잔씩 하고 그러긴 [하는데], 그외에는 제가 자리를 잘 안 하려고 그래요, 그런 부분들 때문에. 그러니까 여기 있는, 모르죠 저도, 저희들도 이런 일을 당하지 [않았다면] 우리가 그렇게 했을지 모르죠. 그런 부분들, 무의식중[에 겪게 되는 그런 일들]. 막상 이제 그런 식의 문제가 저희들한테 봉착이 됐을 때는 그렇게밖에 행동을 할 수 없는 상황이 되는 거죠.

면담자   광주에 있는 그분 같은 경우에, 사실은 지지하고 응원하는 사람인데, 그런 생각을 하는 거잖아요. 같이 활동하는 사람들 중에서도 그런 분들 있을 거 같거든요. 가족분들과 같이 연대하고 활동하는데, 또 한편으로 가족분들한테 어떤 기대감이나 그런 것들을 가지고 있다고 혹시 느낀 적은 없으신지?

도언 아빠   제가 그런 부분들은 말씀 못 드리는 게, 그런 사람들하고 관계를 맺어본 적이 별로 없습니다, 연대하고 하는 사람들하고. 그러니까 이야기를 할 수 있는 부분들이 안 되는 거[없는 게] 같아요. 그런 사람 당연히 있겠죠, 없을 수는 없겠죠.

면담자   앞서 광주에서 그런 경험 하시면, 아예 지지를 원래 안 하고 욕하던 사람들이야 그냥 원래 그런 사람들이다 하는데, 지지하는 사람들이 그런 식의 좀 행태를 보이면 마음이 복잡하실 거 같아요.

도언 아빠   그렇죠, 기분이. 제가 그래서 내 감정이, 일어나서 한대 쥐어박고 싶었었어요, 솔직히 말하면. 제가 그때 같이 갔던 교수님한테 그런 얘기했었어요. "기분 나빴다"고, "내가 진짜 한 대 쥐어박고 싶었다" 그러니까 그 교수님한테 들었어요. "그 사람이 운동권 1세대"라고. 웃긴 거죠, 그니까 사는 게. 근데 거기에는 5·18기록보관실[5·18민주화운동기록관]은 광주에서 하는 거더라고요, 광주시. 시에서 하는 거더라구요, 시에서. 공무원들이더라고요. 일반인들이 아니고 공무원이더라구요, 거기 있는 사람들이. 그니까 기념관하고 기록실하고 따로 분류가 돼 있어요.

면담자   그 말씀 들으니까 백남기 농민 따님, 그분이 백민주화 씨였는지 백도라지 씨였는지 잘 모르겠는데, 트위터나 페이스북 많이 하면서 그런 얘기 했었거든요. 아무리 그렇다고 해도 씩씩하게 밥 잘 먹고, 웃고 그렇게 살면서 계속 싸울 거라고.

도언 아빠   그게 맞는 거죠.

면담자   저는 세대차이인지 모르겠는데 그게 당연한 거라고 생각을 하거든요. 어떤 사람들은 그분한테도 이러는 거예요. "어떻게 아버지가 그렇게 되셨는데 너 이제 그렇게 웃고 있냐?" 이런 얘기들이 나오는 거죠. 그래서 그분이 그런 얘기를 하니까, 또 다른 사람도 "가족을 잃은 다른 분도 너무 의지가 많이 된다" 하는 댓글들을 많이 달더라구요. 자기도 그런 게 너무 힘들다는 거예요. 웃고 싶어도 웃을 수가 없고 밥을 먹으려고 해도 그런 것들이 의식되는 거 자체가. 그거를 보면서 우리 가족분들이 많이 생각도 나고, '계속 그런 부담이 좀 있으셨겠구나' 생각을 했었거든요.

도언 아빠   지금도 그렇죠, 지금도 똑같아요. 시간이 지나도 이게 언제 끝날지는 모르겠지만 끝날 때까지 전부 다 그런 식의 눈초리로 볼 거예요, 저희들을.

면담자   당연히 어려운 문제이긴 하지만 이것 또한 진상 규명인데, 사회 인식 자체가 계속 바뀌어가야 되는 과정인 거 같아요.

도언 아빠	그렇죠.

면담자 　네, 진상 규명도 그렇게 돼야 잘될 수 있는 거지. 아니라고 하면, 가족분들만 싸우는 것도 아니고 우리 다 같이 가는 문젠데.

도언 아빠 　지금 제가 생각할 때는, 저희들한테 이제 비난의 화살을 쏘는 사람들도 저는 제가 생각할 때는 두 부류라고 생각을 해요. 생각의 관점이 완전히 다른 사람, 그 부류.

면담자 　태극기 들고 나오는 사람.

도언 아빠 　그런 사람들뿐만이 아니고, 일반인들도 마찬가지로 생각하는 거 자체가 관점이 완전히 다른 사람의 그런 부류들. 그러고 또 한 부류가 저는 생각할 때는 피해자, 피해의식을 가진 부류들. 그 부류들은 어떤 부류들이라면, 제가 볼 때는 금전적인 부류예요, 금전적인 부류들. 지금 현재 우리 애기들이 그렇게 됐으니까, "당신네들은 뭔가 모르게 배·보상 문제라든지, 그런 문제에 엮여 있으면서 많은 돈을 받았으니까" 어느 날 갑자기 자기보다 신분이 상승이 된 거예요, 그 돈으로 인해서. 우리는 돈으로 신분을 따지는 그런 지금 현재에 살고 있는 거잖아요. 돈이 좀 있으면 어깨에 힘주고 다니고 막 그러잖아요. 그런 약간의 피해의식을 가지고 있는 사람들인 거예요, 그 부류들이. 나하고 비슷하게 살고 있었는데, 어느 날 갑자기 저 사람들이 많은 돈을 받네. 그럼 내[그]는 내[그] 나름대로의 피해의식을 갖게 되는 거예요. '아이씨, 그럼 나는 한 단계 떨어져 버리네'. 제가 볼 때는 그렇게 보이는 거예요. 그런 두 부류들.

면담자   맞아요, 그럴 수 있을 거 같아요.

도언 아빠   지금 안산 같은 경우에도 제가 느낄 때는, 여기 안산이란 데가 저도 처음에 몰랐었는데, 처음 왔을 때는 시골, 시골도 그런 시골이 없었어요. '이런 데서 어떻게 살지?' [했어요]. 버스도 없구요, 여기에는. 근데 지금도 마찬가지로 안산에는 생산직 노동자에 속해 있는 사람들이 대부분이에요. 사는 사람들이 비율로 따지면 거의가 한 70퍼센트 정도가 그런 사람들일 거예요.

면담자   그렇죠, 여기 공단이 생기면서.

도언 아빠   약간의 저소득층 비슷한 그런 부류의 사람들이 되게 많을 거예요, 여기가 지금. 그러다 보니까 이 지역이 더 힘든 지역이 되는 거예요.

면담자   아, 그럴 수 있겠네요. 그분들 입장에서는 오히려 가족분들이 더 나아졌다 그런 식으로 생각하는.

도언 아빠   피해의식을 가지는 거죠. 우리가, 저희들이 받을 때는, 부모 유가족들도 마찬가지겠죠. 그 사이의 계층 간의 그런 부분들 있었겠고, 각 가정 형편이 어려운 사람도 있었을 거고, 어느 정도 살았던 사람도 있었을 거고, 부유하게 살았던 사람도 있었을 거고. 제가 이렇게 봐도 그거는 확실한 거 같아요. 이렇게 보면 유가족 부모들도 마찬가지예요, 그런 것들. '사람들이 살아온 과정이 중요하다'는 걸 다시 한번 느끼는 거예요, 그런 부분들. 생각하는 게 너무 달라요. 하는 행동들도 다르고 그런 부분들. 아, 그렇다고 해서 제가 뭔가를 비하를 하기 위해서 말씀드리는 게 아니에요. 그런 부분들은 아니기 때문에 그렇게 오해는 하시면 안 되는 거[지만], 그렇다고 해서 내가 특별하게 잘살았던 것도 아니고, 그런 인간도 아니기 때문에. 근데 어느 정도의 비슷한 생각을 가지고, 비슷한 사고를 가지고 이렇게 살아갔던 사람들하고, 그렇지 않았던 사람들하고의 차이점이 그게 진짜 신기해요. 그거는 이게 갭[차이]이 [커서] 와닿지가 않아요, 제가 느끼는 부분은.

8
유가족들 사이의 다양한 생각과 주장

면담자　　　이 큰 사건을 같이 겪으면서 또 마음이 잘 맞고 그런 부분이 있지만, 오히려 차이가 더 심하게 드러날 수 있겠네요. 각자 다 자기 마음이 있고, 아까 얘기하신 대로 욕심이 있을 수 있고 그런 거니까.

도언 아빠　　　제가 느끼는 부분들이, 그런 부분들이 싫다는 거죠. 그래서 어울리는 것도 싫어지는 거고, 그런 부분들.

면담자　　　그럴 수 있을 거 같아요. 사실 뭔가 활동들을 하는 게 되게 어려운 일이잖아요. 제가 보기에는 부모님들한테 너무 무리라는 생각이 들어요. 그리고 계속하셨던 분들이라고 하면, 3년 가까이 하고 계시는데 이렇게 가면 안 된다는 생각도 사실은 좀 들거든요. 이 상태로만 가서는 하시는 분들 너무 힘드시고. 그럼 어떻게 할 수 있을까요?

도언 아빠   시간, 제가 생각할 때는 시간이죠, 시간인 거죠, 시간. 얼마만큼 길게, 끝까지 갈 수 있느냐는, 시간인 거죠. 근데 그거를 한 번에 그냥 하려고 하는 게 아니라, 꾸준하게 점차적으로 갈 수 있는 그런 부분들을 찾아야 되는 거죠. 만약에 가겠다면, 끝까지 가려고 한다 그러면, 그런 부분들을 찾아서 조금씩, 조금씩 해나가야 되는 그런 부분들. 이게 단 순간에 일이 마무리 돼서 딱 끝나고 추모관 아니면 조성공원 그렇게 될 수가 있는 게 아니잖아요. 그니까 얼마만큼, 그냥 가늘더라도 길게 갈 수 있는 그런 부분들을 찾는 게 저는 중요하다고 생각돼요.

면담자   그 생각들을 협의회에서 얘기하시거나 그러신 적 있으세요?

도언 아빠   안 합니다, 저는. 그런데 가서는 잘 안 합니다. 생각하는 게 너무 다르니까. 그리고 막 한마디 하면 난리가 나요. 그 목소리 큰 사람이 이긴다는, 조금 생각이 다르면 막 여기서… 그런 게 저는 되게 싫거든요, 그런 것들. 그거 때문에 싸울 수도 없잖아요.

면담자   그렇죠. 사실 그렇게 되면, 보통 어느 곳에서도 어떤 활동을 한다고 해도 생각이 다른 일이 벌어지고, 그러면 싸울 수도 있고. 그런데 그런 상황에서도 검열 비슷하게 '이렇게까지 또 하면 안 되지' 그런 생각들을 계속하게 되시는?

도언 아빠　그렇죠. 이런 일이 아니면 저도 당연히 거기에 대해서 반박을 하고 거기에 대해서 내 생각을 이야기를 하고 또 반론을 제기도 하고 하겠죠. 근데 애기들 문제를 가지고 그렇게까지 한다는 건, 나는 좀 그런[불편한] 부분들이 없지 않아 좀 있더라구요. 그래서 그냥 협의회 같은 데도 그렇고, 저는 웬만하면 안 가고, 그냥 집사람이 다 [참여하는 거지요].

면담자　네. 그렇게 되다 보면 주장 강하신 분들이 계속 끌고 가게 될 수도?

도언 아빠　사람이 없으니까, 나서는 사람이 없어요. 그리고 지금은 나서는 사람이 없기도 하지만, 한 번도 나서지 않는 사람이 대책위에 들어가지도 못해요.

면담자　제가 보기에는 그 문제도 좀 있어 보여요.

도언 아빠　문제가 있는 거죠. 활동을 많이 안 했다고 해서 대책위에 들어갈 수 없는 건 아니에요, 자기가 신청을 하면 돼요. 신청을 하면 되는데, 중요한 건 투표를 해서 선출이 돼야 되는데, 그 사람한테 과연 누가 투표를 주겠어요. '활동도 하지도 않는데 당신이 와서 뭘 알고, 뭘 어떻게 할 거냐'는 의문을 제기하게 되는 거잖아요. 우리가 지금 대선 주자들이 그렇게 하듯이, 그거하고 똑같은 거예요. 사람들도 지금 초창기 때보다는 많은 사람들이 빠져나갔기 때문에, 그거를 활용하는 사람이 없기 때문에 어쩔 수가 없어요.

면담자　　　　참사 있었던 해에는 특별법 [서명운동] 하고 제일 많은 수가 있었다가, 물론 자연스러운 현상이기도 한데, 시간이 지나면서는 조금씩 수가 주는 경향도 있고, 한편으로 [가족들이] 원하는 대로 된 게 없으니까요. 부모님들이 계속 운동을 하시면서 어느 정도는 눈에 띄는 성과들이 있어야 되는데 그런 것들이 없으니까, 대체적으로 특별법도 그렇고, 교실 문제도 그렇고, 아버님 그런 과정들을 어떻게 보셨어요?

도언 아빠　　　　보는 시각이 저도 조금 그런 부분들이 없지 않아 있긴 한데, 이제 끝까지 지켜야 된다는 부류하고 (면담자 : 교실이요?) 교실도 마찬가지고, 교실도 문제가 많았으니까. 끝까지 지켜야 된다는 부류하고, 넘겨줘야 된다는 부류하고 그런 대립들. 근데 끝내는 그걸 넘겨줬잖아요. 대책위에서도 그런 부류들이 있어요, 넘겨줘야 된다는 부류들이. 그러니까 제가 보기에는, 마음이 한마음을 이룰 수가 없는 거죠. 서로가 대책위 그런 데에서도 마음을, 이 사람은 이런 생각을 가지고, 저 사람은 저런 생각을 가지고 있고, 이게 어떻게 이루어질 수 있겠어요. 제대로 이루어질 수 없는 거죠. 근데 그냥 제 나름대로 생각하기에는 그런 부분들은 없지 않아 있습니다.

일단은 대책위에서 일을 하더라도, 그 사람들이 힘들게 노력하고 고생하는 건 저도 알아요. 그런 데 있으면 당연히 힘들고 고생스럽겠죠. 무슨 일을 하든지 간에 단체를 이끌어가려면 많은 의견을 수렴을 해야 돼요. 자기들만의 생각을 가지고 이룰 수는 없어요. 그러면은 대책위만 가지고, 대책위 위원들만 자기들만 꾸려서 나간다고 그게 될 일이 아니잖아요, 단체가. 어떤 사람의 의견이든지 간에 전부 다 전체를 수렴을 하고 이야기를 들어보고 경청을 할 줄 알아야 하는데 그런 게 없는 거 같아요, 제가 보기에는. 사람의 이야기를 들어줄 줄 모르는 거 같아, 제가 느끼기엔.

면담자   주장은 많이 있는데 잘 모아지지 않아서 아쉽다는 생각이신 건가요?

도언 아빠   그런 부분들이 처음에는 저도 대책위에 한두 번 나가 보기도 하고 했지만, 이렇게 앉아서 이야기 들어보면, 별 이야기도 아닌 거 같고, 별 도움 되는 거 같지도 않고, 제 나름에. 그 사람들은 그런 게 아니겠지만, 머리 쓰고 힘들게 노력하고 그런 결과물인데, 그런 부분들 인정을 해줘야 되는데, 좀 이렇게…. 제일 아쉬운 거는 제가 생각할 때는 그거예요, 보통 사람의 이야기에 귀를 많이 안 기울이는 거 아닌가 하는.

면담자   교실 문제에 대해서는 아버님은 어떤 생각이셨어요?

도언 아빠   저는 유지가 됐었으면 했죠. 일단은 유지가 되고, 처음에 이야기 나왔을 때도 그랬거든요, 옆에 짓기로 했다고. 교실을

짓기로 했었는데 재학생 부모들이 드세게 그러니까, 그리고 대책 위나 이런 데서는 이미지 때문에 뒤로 물러서지 않았을까 이런 생각을 해요. 그때 당시에는 이미지도 워낙 안 좋았기 때문에. 여론, 여론 자체가 안 좋았잖아요. 그래서 아마 물러서지 않았을까 생각을 하고, 지금도 공원도 화랑유원지 조성하는 그 문제도 마찬가지에요. 그 공원도 조성하는 부분도 애기들이 거기 들어가지 않으면 무슨 의미가 있습니까?

면담자   네.

도언 아빠   저는 그렇게 생각하거든요. 애기들이 거기 못 들어가는데 공원 조성해서 뭐해요? 결론은 자기들의 사익을, 사익 추구를 위해서 공원 조성을 하겠다는 거잖아요. 애기들을 위해서 조성돼 있는 돈, 금액을 가지고, 돈을 가지고, 자기들 사익을 위해서 공원을 조성한다는 게 말이 안 되는 거죠. 그런 부분들은 저는 반댄 거죠. 그렇게 되면 무조건 결사적으로 반대를 할 거예요. 우리 집에 데려다 놓고 있는 한이 있어도, 말이 안 되는 거예요. 화가 나는 거죠. 이번 주 토요일 날에도 뭐 공청회 한다고 어쩌고저쩌고 그랬는데. 그 공원이 조성이 된다고 해서 여기 집값이 떨어지고, 그거는 웃기는 소리 하지 마라 그래요. 거기 공원에, 화랑유원지에 공원 조성되는데 여기에 있는 빌라들이 가격이 왜 떨어져요, 거리가 얼만데. 지금 아마 이미 여기도 전부 재개발 어쩌고저쩌고 이야기 돌았을 거예요. 이해가 안 되는 거죠. 근데 자기들이 생각할 때는 우리가 이렇게 이야길 하면 "그건 너들만 생각에, 너 위주에 생각에 이야기를 하는 거 아니냐?" 할 수는 있겠죠. 근데 그 사람들이 요구하는 건 그거잖아요. 거기에 애들은 들어올 수 없고 공원만 조성하라고, 거기에 대해서 공원 조성하게 되면 거기에 대한 상가도 들어오겠죠. 그런 것들만 원하는 거죠, 이 사람들은 의미가 없는 거죠. 대책위에서 어떻게 반응할지는 저는 모르겠는데, 그런 부분들도 많이 아쉽고, 차라리 안 하느니만 못 하는 거죠.

면담자   사람들이 추모하는 거조차도 그렇고, 무조건 일단 반대를 하고 보잖아요. 제일 중요한 일이 집값, 그 얘기를 하는데.

도언 아빠   그거는 제가 말씀드린 게, 저 사익을 위해서 어떻게 하든지 그런 식으로 해서, 어떻게 하든지 돈 좀 더 챙겨 보려고 [하는 사람들이 있다는 거죠].

면담자   네. 말씀하신 대로 그 사람들 중에, 물론 다 그런 건 아니지만, 목소리를 크게 내는 사람들은 이렇게 저렇게 건설업자하고도 유착이 되고, 또 정치인들하고까지 결합이 되고. 정치인들은 자기 표 의식하니까 그 주민들한테 계속 그런 식으로 여론을 또 만들고, 자기 세를 좀 키우고 그런 식으로 하더라구요.

도언 아빠   다 그런 거예요. 다 전부 다 무슨 그 공작이라니까요, 그런 부분들이. 저는 제가 볼 때도 여기에서 와서 여기 지금 재개발 조합장 새끼들하고 대책위 와가지고 그렇게 하는 것들도 다 거기 공모가 있는 거예요, 제가 보기에는. 여기 안산, 여기 화랑유원지 생기는데 원곡동에서 인간들이 와서 왜 해요? 저그들하고 뭔 상관있는데, 원곡동[이]?

면담자　거기에서부터 와가지고?

도언 아빠　그럼요. 웃기는 거예요, 이 나라가. 그때도 여기에 화랑유원지뿐만이 아니죠. 화랑유원지 만약에 안 된다고 하더라도 다른 데 가서 하라고 해도.

면담자　네, 또 그렇겠죠.

도언 아빠　똑같이 드러누워요, 그거는. 차라리 그러느니 거기에 조성할 돈, 저기 불쌍한 애들이나 도와주고, 전부 다 애기들 자기 집에 데려가는 게 제일 나은 거예요, 제가 볼 때는. 이 인간들한테 배불리게 해줄 수 없는 거잖아요, 그거는. 저는 그렇게 생각해요.

면담자　다른 지역에 비해서는 같은 동네 사람들인 거잖아요. 애들도 동네 학교 애들이고, 그런데도 또 자기 이해가 걸리면 절대 포기하지 않는. 여기도 마찬가지 분위기인가요?

도언 아빠　여기가 더 심해요. 다른 지방보다 여기가 더해요. 웃기지도 않아요. 초창기 때 우리보고 그랬다니까요. 술집에 가서 앉아 있으면 우린 줄은 모르고, 우리 땜에 "장사가 안 된다"고. 웃기지도 않는 거예요. 내가 뻔히 아는데, 장사가 우리 땜에 안 되긴 뭐가 안 돼, 그 전부터 경기가 안 좋아서 엉망이었는데, 선동을 하는 거예요. 여론몰이를 계속해 나가는 거죠, 그런 식으로. 우리가 좀 더, 자꾸만 요구를 하니까, 그 요구에 대해서 답해줄 수 없으니까, 그런 식으로. 답해줄 수 없으니까, 거기에 대해서 여론, 악영향을 미치는 [거지요].

9
도언 아빠가 참여한 몇몇 활동

면담자　　아버님, 제가 약간 충격적이었던 거는 광화문에서도 그렇고, 물대포 쏘잖아요. 부모님들한테도, 알면서도.

도언 아빠　　그때는 있었었어요, 거기.

면담자　　그때 어떠셨어요, 민중총궐기 할 때?

도언 아빠　　네, 그때도 있었어요. 그때 광화문 현판 밑에 점거하고 있고 할 때, 그때는 있었어요.

면담자　　그때 상황 좀 말씀해 주세요. 기억나세요?

도언 아빠　　아, 그때, 일단은, 어… 맞지, 같이 갔지, 집사람하고. 일단 그때 도언 엄마하고 같이 광화문에 갔어요. 처음에는 우리가 서울광장에 갔었어요. 서울광장에서 행사를 했었어요, 그때. 초대 가수들 오고 행사하고 난 다음에 서울광장에서 광화문으로 이동을 하게 돼 있었어요, 일정이. 근데 서울광장에서 행사하고 있는 도중에 누군가가 집사람을, 도언 엄마를 불렀어요. 그러면서 속닥속닥 이야기를 하더라구요. 그러면서 나보고, 배낭을 나한테 맡기고 "나중에 광화문에서 보자" 그러고 갔어요. 나하고 다른 아빠하고 둘이는 앉아 있고, 그러니까 엄마 둘만 간 거예요.

면담자   광화문에? 다른 분들은 서울광장에 계신데?

도언 아빠   몇몇 엄마들을 불렀나 봐요, 보니까. 갔는데 나중에 보니까 쉽게 말하면 돌격대에요, 돌격대. 우리는 행사 끝나고 다시, 그때까지만 해도 몰랐죠, 서울광장에서 행사가 끝나고 광화문을 갔는데 그렇게 빠졌던 몇몇 엄마, 아빠들이 광화문 밑에 현[판]… 있죠. 그 저기 무슨 문이죠? 광화문 현판 맞지? (면담자 : 네, 네. 맞아요) 그 밑에서 점거를 하고 있었던 거예요. 그거 때문에 빠져나간 거예요, 나는 몰랐던 거죠. 그리고 더 이상, 경찰 차벽이 쳐지면서 더 이상 엄마, 아빠들이 누구라도 못 들어가게끔 차벽을 치고 경찰을[경찰들이] 지키고 있었던 거예요. 지키고 있고, 우리는 밖에서 벌벌 떨고 있고, 그 사람들은 거기서 농성을 하고. 그리고 그때가 며칠간이었지? 거기서, 현판 밑에서 아마 며칠 했을 거예요. 꽤 오래 했을 거예요. 계속 그냥 멍하니 지켜만, 나는 밖에서 들어가지 못하고 광화문에서 있다가 아마 새벽 한 4시 됐나, 3시, 4시 됐을 거예요. 택시 타고 안산 왔어요, 차가 없어 가지고.

면담자   어머니는 거기 계속 농성하고 계시고?

도언 아빠   거기 농성했던 사람들이 거기에서 정확하게 날짜가 기억… 꽤 오랫동안 농성을 했었어요, 노숙하면서. 화장실도 못 가게 해갖고. 그때 페이스북에 막 사진도 돌았어요, 동영상이. 버스 밑에 들어가고.

면담자 　 네, 네. 봤어요. 그때도 소식을 알 수가 없던, 어머니하고 전화가 되거나 연락은 되셨어요?

도언 아빠 　 아마 통화나 이런 것들은 제가 기억이 안 납니다. 했는지 안 했는지는 기억이 나지 않아요. 그런 상황을 확인만 하고 내려왔어야 되는 상황이었기 때문에. [저는] 내려왔어요, 안산에.

면담자 　 그날 밤에도 물대포 다 나왔었어요? 차벽 쌓고?

도언 아빠 　 그때도 나왔나? 아마 그때도 나왔는지 잘 기억은 안 나는데, 아마 거기 광화문 현판 밑에 차벽 기어 올라가는 사람들 쏘았나? 확실하게 기억이 안 납니다.

면담자 　 어쨌든 그걸 넘어가지 않는 이상은 전혀 들어갈 수가 없는 상황이었던, 완전히 차단되었던 건가요?

도언 아빠 　 몰래 기어서 들어가든지, 들어가지 않으면 못 들어가게끔. 그때 그놈아들이 막고 있었으니까. 맨 처음에는 차벽을 안 막았다가 나중에 시간이 지나면서 막았을 거예요. 처음에는 보였었어요, 엄마, 아빠들이. 그러다가 시간 지나면서 차벽으로 둘러쳤을 거예요.

면담자 　 그때 어떠셨어요? 도언 엄마는 안에 계시고.

도언 아빠   황당하죠, 완전히 진짜. 데려갈 수도 없는 거고. 가만, 며칠을 있었지? 기억이 안 나네, 날짜는 잘 기억이 안 나네. 하여튼 며칠 있었을 거예요. 그러다가 다 연행하고 그랬을 때였거든요. 한 사람씩 떨어지면 못 데려가니까, 떨어지는 사람들만 잡아서 그랬던 거 같아요. 집사람 버스 밑에 들어가서 버스 잡고 있고 그랬던.

면담자   2015년 가을 무렵부터 부모님들 동거차도에 가셨는데 아버님도 혹시 가신 적 있으세요?

도언 아빠   저는 일주일간 한 번 갔다 왔어요.

면담자   언제, 몇 월에 다녀오셨어요?

도언 아빠   12월, 그때 12월 달이었었어요. 12월 달에 들어갔다가, 아마 크리스마스 다 됐을 때였나?

면담자   3반 아버님들 같이 가셨던 거예요?

도언 아빠   네. 네 사람이서 그때 같이 들어가서 일주일 있다가 나왔어요.

면담자   동거차도 감시가 시작된 그해에 가셨던 거죠?

도언 아빠   시작된 해였었는지는 모르겠는데, 2015년 12월. 그때는 파란색으로 천막, 지금은 옆에 하나 더 [천막이 생겼지만], 기존에 있던 파란색 거기에 있었어요.

면담자   누구 아버님 말씀 들었는데 "물을 지고 올라가려니까 너무 힘들었다"고 그 얘기 들었거든요.

도언 아빠   3반 아빠 구술 한 분 있어요?

면담자   제가 한 건 아니고, 다른 분 할 때 옆에 촬영 갔었는데 그때 아버님도 같이 가셨나 보더라고요.

도언 아빠   아니죠, 아닐 수도 있어요. 벌써 내가 갈 때는, 벌써 3반 차례 됐을 때 몇 번 지나서 제가 갔었거든요.

면담자   아, 그분 갔을 때는 되게 초창기였었나 봐요.

도언 아빠   지금도 그래요. 그 위에는 물이 없어요, 화장실도 없고. 그니까 물을 먹으려면 밑에 마을에 내려가서 물을 담아서 저기 정수기 같은 통 있죠, 거기에 담았을 때는 지게에 하고[지고], 나머지는 페트병 있죠? 거기에 담아서 들고. 지금도 그래요, 거기에 물이 없기 때문에.

면담자   네. 12월이면 남쪽이긴 해도 되게 추우셨을 텐데, 엄마들은 그 위에서 더 못 계시는 분들도.

도언 아빠   위에 계시는 분들도 있긴 한데, 거기 못 있으면 밑에 마을에 이제 한 분이 계세요. 그분 집에 가서 방에 자기도 하고 그런다고.

면담자   아버님 가셨을 때는 그냥 위에?

도언 아빠　　　계속 위에서만 일주일 동안.

면담자　　　인양 작업하는 거 잘 다 보이던가요?

도언 아빠　　　아니, 안 보여요. 실질적으로는 우리가 눈으로는 확인을 할 수가 없어요. 걔들이 뭘 하고 있는지 몰라요. 그냥 거기에 가서 지키고 있다는 의미를 부여할 뿐이지. 거기에 그 사람들이 무슨 작업을 하고, 뭘 왔다 갔다가 하는 것도 알 수는 없어요.

면담자　　　동거차도가 제일 가깝다고 해도 거리가 꽤 되니까.

도언 아빠　　　사진기 광학렌즈로 해서 이렇게 찍고 있는데, 그렇게 해도 그거 무슨 작업인지는 우리가 알 수가 없는 거죠. 거기 옆에 가서 지켜보지 않는 한 어떻게 확인할 수가 없잖아요?

면담자　　　그때도 매일 일지 다 쓰셨었어요?

도언 아빠　　　네, 네. 그렇게 하죠.

면담자　　　거기가 또 금방 어두워져서 불도?

도언 아빠　　　아니요. 전기는 처음에 초창기 거기 지을 때 그 3반 아빠들하고 몇 반 아빠들 여럿이서 해서 전선 깔아서 했다더라고, 밑에 마을에서 끌어다가. 산 위에까지 전선 메고 올라가서, 다.

면담자　　　그때 가 계실 때, 집에 계실 때하고 마음이 다르신가요?

도언 아빠　　　마음은, 들어갔을 때는 사실은 잘 못 느꼈어요. 나올 때는 나도 모르게 하염없이 눈물이 흐르더라고, 그 뒤돌아 봤을 때. 딱히 왜 그랬는지, 왜 그런 상황이 됐는지 모르겠지만. 그냥 그렇게 슬프더라고, 돌아서 나올 때. 그래서 많이 울었던 거 같아요, 나오면서. 그러고 나오는 날 대구를 갔던 거 같아요. 팽목에서 바로 안산으로 올라온 게 아니고, 대구에 그때 행사가 있다 그래서, 대구에서 초청을 해서 또 대구에 들렀다가 1박을 하고, 그 사람들 만나고, 피케팅하고. 실질적으로는 대구까지 갔다가 왔으니까 거의 한 9일 만에 집에 왔나, 10일 만에 왔나, 그랬을 거예요, 그때.

면담자   집을 비우신 게 제일 긴 시간이었던 거네요?

도언 아빠   이런 일로 인해서 집을 비우게 된 건 제일 길게 비웠죠.

면담자   간담회도 좀 다니셨어요?

도언 아빠   한두 번 정도밖에 안 다녔어요.

면담자   어머니 같이 가셨나요? 다른 분하고 가셨어요?

도언 아빠   저 같은 경우는, 가면 집사람하고 같이 갔겠죠.

면담자   어머니가 말씀도 많이 하시고?

도언 아빠   예. 엄마, 아빠들하고 여럿이 가면, 중요한 건 서로가 이야기를 하려고 하는 사람들[이] 많아요.

면담자   아, 그러실 거 같아요. 시간은 한정돼 있는데, 여러분들 가시면 서로 얘기하고 싶으셔서. 그럴 땐 어떻게 하나요?

도언 아빠   그럴 때 저는 듣기로는, [어떤 사람은] 이야기 안 하는 날도 생긴다고 하는 거 같더라고, [이야기를] 못 하는.

면담자   아버님은 그러신 적은?

도언 아빠   저는 그렇게 많이 움직인 적이 거의 없으니까. 간다 해 봤자 도언 엄마하고 나하고, 아니면 한둘 정도 더 그 정도니까.

면담자   가서서도 말씀 좀 하셨어요?

도언 아빠   아주 간단하게. 딱히 이야기를 할 수 있는 부분들이 없잖아요. 간담회 한다고 해봤자, 그 사람들이 질문을 해주지 않는 한 뭐 이야기할 수 있는 거리가 없잖아요. 어차피 비슷하게 다 아는 상황들이고 그러다 보니까, 그냥 거의 했던 말은 반복적으로 "감사하다"는 말 그런 정도. 그런 거밖에 했던 거 같지 않아요. 안 그러고는 이제 좀 많이 알려고[알리려고] 했던 그런 데는, 엄마들, 다른 분들은 가서 이야기 많이 하고 했던 분들 계시겠죠. 저는 그런 기억 별로 없어요.

면담자   오늘은 여기까지 할까요? 2차 구술은 여기서 마치도록 하겠습니다. 감사합니다.

3회차

2017년 3월 2일

1
시작 인사말

면담자　　　 본 구술증언은 4·16 사건에 대한 참여자들의 경험과 기억을 기록으로 남김으로써 이후 진상 규명 및 역사 기술에 기여하고자 합니다. 지금부터 김기백 씨의 증언을 시작하겠습니다. 오늘은 2017년 3월 2일이며, 장소는 안산시 단원구 세승빌라입니다. 면담자는 김아람이며, 촬영자는 김솔입니다.

2
참사 이후 삶의 변화

면담자　　　 2차 구술 이후에 어떻게 지내셨나요? 며칠 안 되긴 했지만 공식 질문 드려 보겠습니다.

도언 아빠　　 네. 그냥 똑같았던 거 같아요. 뭐 특별하게 뭔가 생활한 건 없었던 거 같아요.

면담자　　　 저하고 얘기하시고 난 뒤에, 괜히 했다 싶으시거나 그런 마음은 혹시 안 드셨어요? 그동안 인터뷰도 많이 안 하시고, 말씀 많이 안 하셨는데. 예전에 혼자 오래 얘기하신 적이 있으셨어요?

도언 아빠　　 이렇게 딱 뭔가 목적을 가지고 한 적은 없고요, 그냥 관련이 있는 사람들, 그런 사람들하고 술 먹으면서 이렇게 이야기

해본 적은 있었던 거 같아요. 이런저런 이야기, 내 의견이라든지, 그런 것들, 생각들 이야기해 본 적은 있었던 거 같아요.

면담자　　아버님, 듣는 거를 많이 하신다고요?

도언 아빠　　좀 듣는 편이죠.

면담자　　주로 모임 있을 때도 사람 많고 그런 데보다 소규모나 가까운 사람들끼리 있는 자리가 더 편하기도 하시겠네요?

도언 아빠　　좀 그런 편이에요. 어수선한 그런 걸 별로 좋아하는 거 같진 않습니다, 제가. 여지껏 제가 생각해 봐도.

면담자　　원래 젊을 때도 조금 그러셨어요? 옛날에 부산에서 일하시고 그러실 때 좀 다르셨는지요?

도언 아빠　　약간의 내성적인 면은 좀 많이 있었던 거 같아요, 성격 자체가. 외향적이라기보다는 조금 내성적인 성격을 많이 가지고 있었던 거 [같아요].

면담자　　오늘은 아마 구술 마지막이 될 거 같기도 한데요. 참사 이후에, 그 전과 후에 아버님한테 어떤 변화가 있었는지, 삶이 완전히 바뀌신 걸 텐데, 그거에 대한 말씀을 들어보려 하거든요. 그때 이후로 지금까지 가장 기억에 많이 남는다거나 또는 아쉽거나 하신 점부터 여쭤볼게요.

도언 아빠　　지금 고사이에? 근데 그 아쉽다는 부분을[은] 어떤 부분을 지금 이야기하시는 거죠?

면담자　　　아, 예를 들면 어떤 활동에 뜻이 있었지만 참여를 못 하셨다거나, 아니면 막상 참여를 하셨는데 결과적으로 뜻대로 되지 않았다든가 하는 점이요.

도언 아빠　　　그런 부분은 크게 없었던 거 같아요. 활동에 관해서는 제가 그렇게 아쉬움을 느낀 적은 거의 없는 거 같아요. 제가 활동을 안 한다고 해서, 제가 거기에 대한 생각을 안 한다는 건 아니니까. 그런 부분에 대해서는 아쉽다는 생각은 안 한 거 같아요.

면담자　　　그럼, 질문이 좀 모호하기도 하지만, 그동안 가장 힘들었다고 생각되는 지점은 어떤 것인가요? 몸의 변화일 수도 있고, 마음의 변화일 수도 있고, 가족 간의 관계의 변화일 수도 있고, 지금 하시는 직업에서 어떤 변화일 수도 있고. 다 해당되는 얘기죠.

도언 아빠　　　변화는 전반적인 거 같아요. 전반적으로 다, 삶 자체도 마찬가지고, 생각도 그렇고, 가족 간의 관계도 그렇고, 일단은 대개가 다 나쁜 쪽인 방향으로 거의 다가, 제가 볼 때는. 거의 이야기 자체가 지금 3년이 다 됐는데, 대다수의 이야기가 집에서도 이야기를 한다 그러면 다 그런 이야기인 거 같아요. 애기에 대한 이야기, 초점은 다 거기에 맞춰져 있는 거 같아요. 3년 동안 살아온 게 일단은 초점이 다 거기에 맞춰져 있는, 생각 자체도 그렇고 하는 행동도 그렇고 모든 게. 주위의 사람들이 "보통 지금쯤은 이제 너도 정신 차려야 되지 않냐?" 이야기를 하는 사람들이 많아요, 사실은. 그렇게 이야기를 듣긴 하는데, 그게 결코 쉬운 게 아니더라구. 나도 그렇게 예전처럼 그렇게 돌아가고 싶죠, 그런 생각[대로 한다는 게] 그게 쉽지가 않더라고, 마음처럼 되는 게 아니더라구. 다른 사람들은 조금 안이하게 생각, "야, 좀 이렇게, 그건 아닌 거 같다" [하는] 생각으로 볼 수도 있겠죠, 그런 다른 시각으로. 근데 막상 본인이 처해져 있지 않으면 뭐, 어떤 사람들은 거기에 대해서 극복이라기보다는 조금 냉정을 찾고 생활을 하는 사람도 있는 반면에 아닌 사람도 있을 거고. [저 같은 경우는] 아직까지는 냉정한 그런 부분은 찾지는 못했던[못한 상황이죠]. 아직은 그 삶이 이어져 오는 거 같아요.

3
도언이에 대한 그리움

면담자   지금 도언이 방은 어떻게 되어 있나요?

도언 아빠   그대로 있어요. 저희들은 도언 엄마하고 처음부터 합의를 그렇게 했었어요. 조그마한 물건이라도 우리는 버릴 순 없다고. 나중에 우리가, 마지막 누가 될지는 모르겠지만, 마지막 남는 사람이 정리하는 걸로 처음부터 그렇게 약속을 했었어요. 그래서 도언이가 쓰던 것들은 집에 거의 다 있습니다, 하나도 빠뜨림 없이. 예를 들면 아주 사소한 칫솔까지도 다 가지고 있으니까, 버리지 않고. 걔가 썼던 것들은 일단 집에 다 두고, 다른 사람들은 그런 게 보는 게 힘들어서 다 그 일이 있고 난 뒤에 얼마 안 있다가 처리를 한 사람들도 있고. 근데 나중에 그것도 사람 나름이겠지만, 대다수의 사람들이 다 후회를 하더라구요, 나중에.

면담자　　　참사 직후에는 정리를 하셨던 분들이 시간 지나고 나서요?

도언 아빠　　그거 없다고 생각 안 나는 게 아니잖아요. 똑같아요, 있으나 없으나. 어떻게 보면 있으면 힘든 부분도 있겠지만 약간의 위안이 되는 부분도 없지 않아 있는 거 같아요, 그냥 그대로 물건 자체가 있는 거 자체가.

면담자　　　처음에 정리하셨던 부모님들은, 우리나라에서는 정서상 남겨두거나 그런 문화가 아니잖아요. 그런 것도 영향이 있었던 건가요? 주위에서 '어떻게 하자', '누구네는 어떻게 한다' 그런 얘기가 있지는 않았어요?

도언 아빠　　저희들 문화 자체가, 제가 볼 때는 그때는 이렇게 다 정리를 하려고 했던 분들은, 두면 생각이 더 많이 나니까, 그래서 아마 정리를 했던 사람이 많을 거예요, 제가 듣기로도 그랬고. 그 사람들이 한 이야기가 "그냥 계속 보면 힘드니까 치우자", 치우자는 식, 그런 식이었을 거예요.

면담자　　　그 방을 쓰는 건 아니지만, 그래도 애기 있는 거처럼 청소도 하시고.

도언 아빠   그렇죠, 청소하고 다 해서 그대로 다, 항상. 그리고 여지껏, 아직 지금, 오늘까지도 마찬가지로 한 번도 불을 꺼뜨려 본 적이 [없고], 밤에는 항상 도언이 방에는 불이 켜져 있어요. 끌 수가 없으니까, 뭐 밤이라고 불을 안 켜면 그 의미가 없을 거 같으니까. 그래서 지금까지 불을 켜놓고…. 낮에는 끄겠죠, 낮에는 켜 놔도 의미가 없으니까. 근데 밤에는 꼭 밤새 불을 켜놓죠. 아침이 돼야지 불을 끄죠.

면담자   어머니, 아버님은 처음부터 "이제 이렇게 하자" 합의가 잘되셨다고 하셨는데, 아드님도 같은 공간에서 살고 있는데 같이 얘기를 하시고요?

도언 아빠   그런 부분에 대한 불만 이야기는 안 한 거 같아요. 큰애 같은 경우에는 사실은 거의 2년 가까이 떨어져 있었잖아요, 군 복무 기간이었으니까. 지금 3월 달이니까, 제대해서 온 지가 1년 됐네요. 거의, 걔 같은 경우에는 집에 있는 시간이 별로 없었으니까요. 항상 학교, 학교 가지 않으면 알바를 하러 다녔으니까. 아르바이트를 하더라도 낮과 밤이 바뀐 그런 생활을 했으니까.

면담자   밤에 주로 일을 했었나요?

도언 아빠   네, 그래서 걔하고 이야기할 수 있는 시간이 별로 없어요. 같이 밥을 먹는 시간도 별로 없고, [시간을] 가질 수가 없어요, 시간이 안 맞으니까. 3년 동안 걔하고 이렇게 앉아서, 어떻게 보면 핑계이긴 하겠죠. 딱히 앉아서 이야기를 하고 그런 시간 몇 번 못 가져 본 거 같아요.

면담자   지금은 학교, 대학을 다니고 있는 중인가요?

도언 아빠   예.

면담자   이제 시간이 지나면서 도언이도 대학 갈 나이가 되고, 오빠는 그 나이를 먼저 살아가고 있는데, 그럴 때 생각나시거나 그러시진 않으세요?

도언 아빠   그때는 많이 좀 힘들어했죠, 둘 다가. 도언 엄마도 그렇고 저도 그렇고, 도언이 친구들은 대학 가고 입시 본다 그러니까. 근데 그거는 잠깐이었던 거 같아요. 그냥 저희들의 머릿속에는 그때 그 시간, 거기 머물러 [있어요]. 우리는 성인이라는 생각이 아니고, 우리는 항상 주위에서 그런 걸 봤을 때는 와닿는데, 일상적인 생활에서는 걔는 우리한테 애기처럼, 고2 때 수준으로 머물러 끝까지. 그런 애들을 보면 부럽기는 하죠. '우리 애도 이제 성인이고 아가씬데, 아가씨가 됐을 건데…' 그런 생각을 하면서도.

면담자   일상적으로 바로 와닿거나 그렇지는 또 않으신 거예요?

도언 아빠   일상적으로는 아직도 그 상태로 머물러 있는, 애기 때, 고2 때 수준.

4

일상 복귀에 대한 심정, 경제활동 상황

면담자　　주위에서 "이제 좀 일상으로 돌아오라"고 하거나, "마음 정리해야 되지 않냐" 그런 얘기 한다고 하셨는데, 주로 어떤 분들이 그러시나요? 부모님?

도언 아빠　　아니죠, 제 지인들이. 가끔 만나면 [제가] 하는 일도 그냥 다 팽개쳐 놓다시피 하고 있으니까, 그 사람들이 보기에 안타깝게 생각을 하는 거죠. 일상적으로 복귀를 했으면 하는 거죠. 나와서 일하고, 그냥 어디에, 좀 일이라도 하면서 잊어버리라는 식, 그 사람들 이야기는 거의 그런 식[이지요].

면담자　　일을 하라는?

도언 아빠　　그렇죠, 그 사람들은 그런 의미로.

면담자　　도언 어머니 형제분들은 아버님하고 일도 같이하셨고, 지금도 교류를 많이 하고 계신 거예요?

도언 아빠　　언니 하나 있어요, 다른 사람 있는 게 아니고.

면담자　　한 분만 계셨던 거예요?

도언 아빠　　그렇죠. 도언 엄마도 형제가 많은데 다 부산에 있어요. 여기 위에는 한 사람 있어요, 도언이 이모가. 나머지는 다 부산에.

면담자　　아버님 형제분들도 다?

도언 아빠   여기에는 거의 적[친척]은 없습니다.

면담자   그러시겠네요, 친구분들도 다 부산에 계시다고.

도언 아빠   여기에서 저희들은 적[친척]이라고는 거의 없습니다, 일 때문에 온 거기 때문에.

면담자   지금 일 주문 들어오면 그 정도만 하신다고?

도언 아빠   그렇죠, 영업은 안 하죠. 기존에 있는 업체에서 연락이 오면 그 정도. 그것도 하기 싫으면 그냥 오이엠(OEM) 주면 되니까 그런 식으로 일을 처리하는.

면담자   같이 일하던 업체들이나 이런 데도 예전에는 같이하다가 지금은 안 하는 데가 많아진 건가요? 아니면 새로운 영업을 안 하시는 거고, 원래 거래하시던 데하고는 계속하고 계신 거예요?

도언 아빠   저희들 업체라는 게 그런 면도 없지 않아 있습니다. 이렇게 꾸준하게 가는 업체도 있고, 하다가 마는 업체도 있고 그러니까. 거의 뭐 지금은 업체도 남아 있지 않은 상태, 관리해 줘야 할 업체들이 한두 개 정도. 거의 없는 거 같아요. 다른 보통 사람들은 제가 이제 안산에서 일을 안 하는 걸로 알고, 그 정도 소문이 나 있으니까, "일을 안 한다", 거의 접은 거처럼 소문이 나 있으니까. 기존에 14년 이전으로 친다 그러면 뭐 매출액의 3분의 1도 안 되겠죠. 지금 조금씩 이렇게 한다고 해도 그 정도는 안 되겠죠. 내가 나가서 여기저기 다니고 영업도 하고 하면 또 달라질 수 있겠죠. 근데 굳이 그러고 싶진 않고, 사람이란 게 그런 거 같아요. 한편으로는 제 생각이지만, 어떤 사람들은 진짜 진정한 마음으로 그렇게 이야기해 주는 사람도 있을 거고, 아닌 사람도 있을 거라는 거예요. 어떻게 보면 경쟁자가 하나 떨어져 나간 거잖아요.

면담자   같이 업계에 계신 분들이요?

도언 아빠   그렇죠, 그렇게 따지면 경쟁자가 하나 없어진 [거죠].

면담자   그분들도 "빨리 복귀해서 하자" 얘기하기도 하지만 한편으로 마음은 좀 다를 수 있다, 그런 생각들도?

도언 아빠   그렇지 않겠습니까? 요즘 현실이 힘드니까.

면담자   정말 사정이 좋지 않은 부분도 있어요? 그 14년 이전에 아버님 하시던 때랑 지금 경기가 안 좋아져서?

도언 아빠   제가 기억하기로는 14년부터도 경기가 좋지 않았어요. 그때도 마찬가지로 경기가 좋지 않았기 때문에 2014년도에 애기들이 그렇게 되고 난 뒤에 보통 안산에서 자영업 하는 사람들, 특히 식당 하는 그런 사람들이, 우리가 가끔 식당 가서 술 한잔 먹고 이렇게 하면 막 뒤에서 그런 소리를 하는 사람들이 많았었어요, 우리 때문에 "장사가 안 된다"는 식. 황당한 거죠, 그런 소리 들었을 때 기분 나쁘고. 우리 때문에 그런 게 아니라 원래 그런 일이 있기 전부터 경기가 안 좋은 걸 제가 뻔히 아는데, 지금은 더 안 좋은 거죠. 그때보다 지금은 더 안 좋잖아요. 그럼 누구 때문? 그것도 우리 애들 탓할 건가? 아니잖아요. 그게 자기 능력이 모자라는 거지.

지금 그게 일반적으로 다 그래요, 저도 마찬가지고. 자기 일을 하는 사람들은 사업을 하는 사람들이 아무리 힘들어도 있잖아요, 막 일이 넘쳐나는 업체도 있어요. 지금도 마찬가지잖아요. 아무리 이렇게 경기가 어려워도 돈 버는 사람은 벌잖아요. 그거하고 똑같은 이치예요. 그러면 그걸 어떻게 대비[해] 봐야 해요? 능력의 차인 거예요. 그 사람의 능력이라고 생각해요, 저는. 능력 있으면 먹고 살아요, 왜 못 살아요. 능력이 없기 때문에 장사가 안 되는 거라고 생각해요. 사업도 마찬가지고요. 능력, 능력이 있는 애들은 오픈하자마자 금방금방 커요. 그만큼 능력이 있다는 거예요. 자기가 어떤 능력이 됐든지 간에, 주변에 누군가 조력을 받아서 하든, 조력을 받는 것도 능력이라는 거예요. 제가 볼 때는 포함이 된다는 거예요. 그런 부분들이 안 따라주니까 전부 힘들다고 얘기하는 거죠. 저도 마찬가진 거죠. 저도 힘들다고 하는 것들은 내가 능력이 안 되니까 그런 [거거든요]. 자기 스스로가 이미 인정을 해야 되는데, 대다수의 사람들이 인정을 안 하려니까 문제가 생기는 거죠.

면담자   그럴 수도 있겠네요. 아버님 소득이 확 줄어들었을 텐데.

도언 아빠   그렇죠, 최소한의 생활을 하는 거죠, 최소한의 생활 정도만. 그래도 한 번씩 이렇게 발주받으면, 결제받으면 많을 때는 몇천은 되고 그러니까, 그걸로 최소한의 생활을 하는 거예요. 예전처럼 풍족하게 사는 건 아니고, 이제는 그달 그달 살아갈 정도. 돈이 모자랄 때는 어디 가서 대출받아서 쓸 때도 있고. 대출받았다가 결제받으면 다시 메워주고.

면담자   대출받아야 되는 상황이 되면 일을 또 해야겠다는 그런 마음이 드세요?

도언 아빠   있죠, 해야 된다는 생각은 있어요. 해야 된다는 생각은 있는데 몸과 마음이 따라 주지를 않아요. 몸과 마음이 따로 논다는 거예요, 쉽게 말하면. 내가 당장 힘든데, 그걸 팽개칠 수는 없잖아요. 근데 마음과 몸이 따로 노는 거죠. 그런 문제가 생기는 [거예요]. 그 전 같으면 그냥 어떻게 하든지 간에 일이 좀 없으면 여기, 저쪽에도 가봤다가, 저쪽에도 가봤다가, 커피도 한잔 먹고 이야기도 하고 그렇게 되겠죠. 근데 요즘에는 거의 뭐 3년 가까이 그 짓을 한 적이 없으니까.

면담자   아버님 형제분들이나 어머니 형제분들이 먼저 도와주신다고 하거나, 도와달라고 하신 적은 없으세요?

도언 아빠   아, 제가요? 저는 그런 거는 싫으니까, 아예 제가 거부했으니까. 이런 일이 있기 전에도 나보고 돈 가져가라고 했었는데 제가 거부했어요, 안 받는다고.

면담자   사업하시다 보면 부침이 있고 돈 필요할 때도 있으셨을 텐데.

도언 아빠   저는 받은 적이 없습니다. 내 혼자서 알아서 스스로, 뭐 거의 돈 문제나 이런 것들은 도언 엄마하고 상의해서, 힘들 때는 도언 엄마한테 부탁하고 그랬었던 거[지], 가족하고 이렇게는 안 했던 거 같아요.

5
도언이가 남겨두고 간 강아지

면담자   사고 전에 도움받은 적 없으시고 그 뒤에도 없고요? 그동안 그나마 좀 위안이 된다거나 하는 부분이 혹시 있으셨어요?

도언 아빠   지금 현재로서는 크게 위안이 되는 그런 부분들은 없는 거 같아요. 집에 있는 우리 막내가 좀 위안이 될 거 같고.

면담자   막내가 누구예요?

도언 아빠   아(웃음).

면담자   고양이예요? 강아지? 몇 살이에요?

도언 아빠   지금 5살인데.

면담자   그러면 사고 당시에 아주 애기? 한두 살 정도?

도언 아빠   그렇죠, 애기였죠 그때는. 도언이가 데리고 온 애기니까.

면담자 　도언이가 어디에서 데려왔어요?

도언 아빠 　서울에서 데리고 왔어요.

면담자 　서울에서요? 어떻게 알고 서울까지 가서 데리고 왔어요?

도언 아빠 　안산에서, 처음에 그때 걔를 데리고 온 이유가, 도언 엄마가 강아지를 되게 싫어해요. 근데 도언이는, 제가 짐승을 되게 좋아해요, 도언이하고 저하고는. 엄마를 꼬시고, 집사람은 안 된다고 그러고, 그러다가 도언이가 되게 힘들어했던 적 있댔죠? 제가 처음엔가 두 번째 이야기할 때 한번 그런 적 있었을 거예요. 마음이 되게 힘들어했던 적 있어요, 걔가. 그러면서 도언 엄마가 결정을 내린 거죠. '이래선 안 되겠다' 그래서 안산에서 원래는 구매를 하려고 했는데, 안산에서는 너무너무 비싼 거예요, 걔가. 가격이 장난이 아닌 거예요, 너무 비싸니까. 안산에서는 보통 싸도 백 몇 십만 원씩 하더라고요, 그 마음에 들어 하던 걔가. 그래서 여기저기 알아보다가, 이 사람이 알아봤나 봐요, 인터넷에 들어가서. 서울에 광진군가 크게 하는 곳이 있다 그러더라구요. (면담자 : 분양을 많이 하는?) 거기 가서 데리고 온 애에요.

면담자 　종은 어떤 거예요?

도언 아빠 　포메[라니안]에요. 도언이 때문에 데리고 온 애에요, 걔가.

도언 아빠 김기백

면담자   아버님하고 도언이하고 같이 서울에?

도언 아빠   아니죠, 저는 일을 하고 있었죠. 저는 몰랐죠. 강아지 데리러 간 것도 몰랐고, 제가 안 거는 내 휴대폰에서 알람 소리를 듣고 알았어요.

면담자   카드 결제됐다고?(웃음)

도언 아빠   몇 번을 헤아려 봤어요, 공 동그라미를. [계산] 잘못된 거 아닌가 해서.

면담자   그 전에도 데리고 오겠다는 거를 알고 계시긴 하셨어요? 아니면 전혀?

도언 아빠   몰랐죠.

면담자   도언이하고 어머니하고 합의가 돼가지고 도언이가 데리고 온 건가요?

도언 아빠   도언이 데리고 직접 차를 몰고 서울까지 가서 둘이서 데리고 온 거예요, 걔를. 그때까지는 몰랐죠. 그니까 집사람이 처음에는 그런 이야기가 있을 때, 집사람 여기 고잔 신도시에서 가게를 하고 있을 때, 그 밑에 애견숍이 하나 있었대요. 거기에서 그 강아지를 봤는데 너무너무 예쁘더래요, 자기가 봐도. 그런 말은 들은 적은 있죠. 근데 물어보니까 가격이 너무 비싸더라. 걔는 하얀색이었거든요. 하얀색이었는데, 서울에 도언이하고 같이 가서 본인은 하얀색을 하고 싶었는데, 일단은 도언이 때문에 강아지를 데리고 오기로 했으니까 이제 도언이한테 그거를, 선택권을 맡긴 거죠. 도언이는 노란색을 원하더래요. 처음에 왔을 때는 노란색인 줄도 몰랐었는데.

면담자   애기 때는 너무 작아 가지고?

도언 아빠   나중에 다 크고 보니까 노란색이더라고. 처음에는 털이 그냥 까만색도 많고, 약간 갈색 같은, 아주 못되게 생긴 느낌이, 강아지를 보면 못되게 생긴 강아지, 그랬었어요.

면담자   도언이가 애들 많았는데 그중에서 직접 골라가지고 데리고 온 거예요?

도언 아빠   데리고 [와서] 되게 예뻐했어요, 도언이가. 먹는 것도 도언이 한 입 먹고, 개 한 입 주고 이럴 정도로 되게 예뻐했어요, 개를.

면담자   도언이 있을 때는 아버님은 강아지를 많이 돌보실 일은 없으셨겠네요? 바쁘시기도 하고?

도언 아빠   씻기기는 제가 씻기고, 도언이가 못하니까, 제대로 씻기지를 못하니까. 씻길 때는 거의 제가 씻겼던 거 같아요. 그런 부분들, 어쩔 수 없이.

면담자   아, 그러면 혹시 그 강아지도?

도언 아빠   알아요, 진짜 별났어요, 개가. 별나다기보다는 이 바닥에 뭘 두지를 못했어요. 신발, 화장실 입구 바닥에 깔아 논 것들, 여하튼 뭘 두지 못할 정도였었어요. 다 물어뜯어 버리고, 장난이 아니었어요. 다른 것들은 사고를 안 치는데 그런 부분들, 물고 뜯어버리고 하는 것들. 도언이가 그렇게 되고 난 뒤에는 그런 짓을 안 해요.

면담자   그걸 안 해요? 따로 가르친 것도 아닌데?

도언 아빠   안 해요, 그런 짓을 안 해요, 아예. 그걸 가르친다고 가르쳐지지 않잖아. 근데 도언이 없고는 애가 많이 순해져 버렸어요.

면담자   지금은 아버님을 많이 따르고 그러겠네요?

도언 아빠   걔는 사람들을 다 좋아하는 거 같아요. 뭐 잘 때도 항상 이렇게 자기 엄마 옆에 가서 누워서 같이 자든지 거의. 근데 "오라" 그러면 안 와요, 강아지가. 아주 특이한 개예요. 보통 개들은 오라 그러면 오잖아요, 얘는 안 와요. 지가 오고 싶을 때 와요, 지금도. 근데 잘 때는 꼭 제 옆에 와서 자든 자기 엄마 옆에 가서 자든 꼭 같이 베개를 베고 자요. 그냥 자는 것도 아니고 꼭 베개를, 이렇게 베고 자요.

면담자   도언이 없고 나서 아버님도 오히려 좀 귀찮거나 그러신 적은 없으세요? 보기가 더 힘들거나 도언이 생각이 더 많이 나게 하고.

도언 아빠   솔직히 개도 짐승이긴 한데, 솔직히 말씀드리면 요즘에 와서는 개를 쳐다보면서 자꾸 도언이를 보는 거 같은 느낌, 그런 마음[이 들어요].

면담자   사실 또 어떨 때는 사람보다 낫다고 할 때도 많이 있
잖아요.

도언 아빠   둘이서 앉아서 이야기도 하고.

면담자   저도 키워보니까.

도언 아빠   [다른 식구들은] 맨날 늦게 들어오고 하니까. [걔랑] 둘
이서 앉아서 이야기. 걔는 알아듣지도 못하지만.

면담자   저는 한 8년 정도, 애기 때 데려와 가지고 키우니까
대충 말귀를 이미 알아듣기도 하고, 물론 말썽부릴 때가 있긴 하지
만. 그래도 사람 싫고 그럴 때는 훨씬 더 위안이 많이 되고 그렇더
라구요.

도언 아빠   제가 봐도 그런 거 같아요. 지금은 위안이라는 거는,
제가 봐도 걔밖에 없는 거 같아요, 나한테 위안을 주는 애는. 막 울
면 어떨 때는 와가지고 옆에서 와서 눈물 핥고 그래요. 짐승들이라
고 모르는 게 아니라니까요. 다 아는 거 같아요, 걔들도.

6
도언이를 보내며 치른 49재

면담자   혹시 주무실 때나 아니면, 그 술 드셨을 때나 이럴
때 도언이 보이거나 그러신 적은 없으세요?

도언 아빠   몇 번 봤죠, 꿈에. 제가 원래 꿈을 잘 기억을 못하다
보니까. 꿈 같은 것도, 집사람은 꿈을 잘 기억을 하는 편이고, 저는
기억을 잘 못하는 편이에요. 안 꾼다는 거는 거짓말이고, 근데 제
가 지금까지 아마 세 번, 네 번 정도.

면담자   꿈에 나왔어요?

도언 아빠   예. 꿈에서, 어떤 꿈에서는 둘이서 한 번 싸운 적도
있는 거 같고. 도언이하고 그랬던 거 [같아요].

면담자   최근에도 뭐 있으셨어요? 얼마나 되셨어요?

도언 아빠   도언이 본 지가 꽤 된 거 같아요, 꿈속에서. 최근은
아닌 거 같아요. 언제쯤인지는 잘 모르겠는데, 좀 시간이 된 거 같
아요.

면담자   도언이 보고 깨고 나시면 좀.

도언 아빠   음, 멍해지죠, 사람이.

면담자   어떤 모습이었는지도 혹시 기억나세요?

도언 아빠   제가 봤을 때는 몇 번 안 됐는데, 거의 일상적인
모습.

면담자   고등학생 때 그 모습? 어릴 때나?

도언 아빠   어릴 때는 아니고, 우리 생각 자체가 거기에 머물러
있다 보니까 거의 그렇지 않나 하는…. 뭐, 도언 엄마는 그래도 꿈

에서 나타난, 요즘은 꿈 이야기를 잘 안 하는 거 같은데, 그 전에는 꿈에 나타나서 "엄마, 눈이 잘 안 보인다" 그런 꿈도 꾸고 그러더라고. 도언이가 안경을 끼고 있었거든요. 저희들이 도언이 마지막 보낼 때 안경을 깜빡하고 안 줬어요. 그래서 또 부랴부랴 안경을 맞춰서 다시 갖다줬죠, 도언이한테.

면담자   꿈에서 보거나 그러시면 두 분은 서로 바로 얘기하고 그러셨어요? 어머니하고 "어젯밤에 나왔다" 그런 얘기?

도언 아빠   예, 그 사람도 나한테 이야기해 줬어요.

면담자   그럴 때 '왜 나한테는 왜 안 올까' 하는 생각이 들지 않으셨어요?

도언 아빠   안 올까라는 생각을 한 건 아니구요, 제가 조금 전에 말씀드린 거처럼 제가 기억을 잘 못하니까 아쉬운 거죠. '왔지만 제가 기억을 못하는 거 아닐까'라는 그런 생각[도 들고].

면담자   아버님, 종교는 원래 없으셨어요?

도언 아빠   예. 저는 딱히 어느 종교를 믿고 그런 건 없었고요, 그냥 절에 다녔어요.

면담자   언제부터?

도언 아빠   어릴 때부터 그랬죠.

면담자   부모님이 절에 다니셨어요?

도언 아빠   그렇죠, 그리고 이 사람도. 이 사람 불교학생회 소속이 있었다[소속이었다고] 그러더라구요. 법명도 있고 그[레]니까, 이 사람하고 있으면서 더 절에 자주 가게 된 계기가 그런 거죠.

면담자   요즘에도 다니세요?

도언 아빠   요즘은 잘 안 가.

면담자   어머니가 자주 가신다고 하면 1주일에 한 번씩 법회?

도언 아빠   그 정도는 아니고요. 이 사람도 사회 나와서 생활하니까 그렇게까지 시간을 낼 수가 없으니까 생각이 날 때마다 가끔씩, 주위에 가까운 절 같은 데 한 번씩 가고 그랬지. 무슨 뭐 기독교 믿는 사람처럼, 어느 날짜에 가서 예배를 봐야 되고 그런 거는 없었던 거 같아요.

면담자   교외 가시거나 그러면 절에 한 번씩 들르시고 그러신 거네요?

도언 아빠   거의 그런 식.

면담자   사고 있고 난 뒤에는 '절도 다 의미 없다' 혹시 이렇게 생각하시는 건가요?

도언 아빠   맞아요, 맞아요.

면담자   종교가 다 소용없다 이런 생각?

도언 아빠   그렇죠. 그런 생각을 많이 했죠, 그러면서 좀 멀리하기도 했고. 도언이 49재 했던 절이 그 주지스님[이] 그 사람 법명을 지어준 스님이더라구.

면담자   어머님 법명?

도언 아빠   예. 그 어떻게 찾다보니까 물어물어 찾았는데 그분이 계시다고 해서 멀지만 이제 거기까지. (면담자 : 어디서?) 경북 상주. 절이 아주 유명한 절이더라고, 아주 오래된… 남장사[라고]. 아세요?

면담자   네, 저 외가가 상주여서.

도언 아빠   그 절에서 49재 [지냈어요].

면담자   그 스님이 있는 데를 일부러 찾으신 거예요?

도언 아빠   어떻게 찾다보니까 그렇게 됐었어요. 그래서 상주까지 49재를 거기에서 도언이를 보냈죠, 남장사에서.

면담자   아버님은 이미 그때도 '굳이 뭐 그렇게까지 하나' 이런 생각을 혹시 하셨어요?

도언 아빠   아니, 아니.

면담자   그때는 아니셨어요? 그때는 좋은 데 보내주고 싶다는 마음이셨던 거예요?

도언 아빠   그렇게 해야 된다고 하니까 그런 마음은 없었고요, 좋은 데 보내야 한다는 그런 마음도 아니었고 그냥 아무 생각 없었던 거 같아요, 사실은 그때는. 도언이 49재 보낼 때도 그렇고, 가끔은 이렇게 아직도 잘 실감이 안 나요, 사실은. 걔가 없다는 생각을 못할 때가 많은 거 같아요, 아직도.

면담자   그때부터 지금까지는 아버님, 어떤 변화가 있을 만한 그런 계기가 있다거나 그렇게는 보기가 좀 어렵겠네요? 해가 바뀐다고 마음 달라진 것도 아니고.

도언 아빠   크게 그런 변화된 게 없는 거 같아요. 가면 갈수록 좀 더 시간이 가면서 처음에는 막 없었던 부분에, 애기가 없어졌던 부분에 아픔을 가지고 있었다면, 지금은 주위의 환경으로 인해서, 사람들로 인해서 상처받는 그런 것들이 더 많은 거 같아요, 지금은. 스스로가, 그 사람이 본의 아니게 행동을 했든 안 했든 간에, 사소한 거에도 상처받고, 그게 더 심해진 거 같아요, 특히 도언 엄마도 그렇고.

면담자   그게 어느 시점부터 좀 그렇게 됐다, 혹시 기억이 나세요?

도언 아빠   지금 내가 보기에 저 사람도 거의 아마 첫해가 지나고였을 거예요. 첫해는 그냥 정신없이 활동하고 다니고 그랬으니까 그런 생각을 많이 안 했을 거 같아. 근데 그다음 해부터 조금씩, 조금씩 그런 부분들, 남을 의식하게 되는 그런 부분들[이 생긴 거 같아요].

면담자　　　아버님 1주기나 2주기 때 행사에 참가하셨나요?

도언 아빠　　행사는 꼭 갔었어요.

7
도언이를 잃고 방향을 잃어버린 삶

면담자　　　그때 되면 뭔가 다른 생각이 혹시 드시나요? 아니면
'또 시간 지났구나' 그렇게 생각 드세요?

도언 아빠　　'그냥 또 시간이 또 지난다', '아무 의미 없이 시간만
지나간다' [하는 생각이 들어요], 지금도 아무, 뭔가 된 게 없으니까.
중요한 게 지금 내일모레면 3년인데 아직까지 추모공원 조성이 안
되는 [상황이니…]. 어떻게 언제 될지도 모르잖아요, 그런 부분들이.
저는 집사람한테도 이야기했지만, 내가 아마 이야기드렸을 거 같
은데, "우리 애기 집으로 데리고 오고 싶다"고, 데려왔으면 좋겠어
요, 집으로. 내 옆에 있으면 좋겠어요. 얘가 어릴 때부터 고향, 뭐
라고 해야 되지? 시골스러운 그런 걸 좋아하더라고. 저는 고향이
없으니까, 시골이. 자기 엄마도 마찬가지예요. 이 사람도 함창이라
는 데인데 시골이 아니라 읍내에 있어요. 읍내에서 살았던 사람이
기 때문에 시골이라는 개념을 가질 수가 없어요. 도언이가 항상 원
했던 게 그거였어요, 전원주택. 전원주택에서 살고 싶다고 했는데,
끝내는 그것도 보지도 못하고, 좀 그렇더라고요. 그런 부분들. 그

놈아가 했던 말이 항상 전원주택 지어서 엄마하고 아빠하고 같이 산다고. 결혼한다는 이야기는 안 한 거 같아요. 결혼한다는 생각, 이야기를 한 게 아니라 나중에 자기는 커서도 엄마, 아빠하고 전원주택 지어서 시골 가서 산다고. 거기 마지막 촬영했던 부분에서도 그런 게 나올 거예요. 거기 저기 뭐야, 분향소에서 항상 틀어주는 화면 중에 애기들 일곱 명이서 춤추고 막 놀면서 하는 거 있죠? 3반 애들이. 거기에서 나올 거예요. 거기에서도 나와요. 그 부분에서도 마지막 부분에 애들하고 이야기할 때도, "나는 전원주택 지어서 엄마, 아빠하고 같이 가서 살 거야", 그런 이야기 나올 거예요.

면담자   전원주택을 구체적으로 생각해 보시거나 그러신 적 있으세요?

도언 아빠   있었죠. 저기, 저기 문경 쪽에 그렇게 하려고 준비를 해놨는데, 아직은 못 했어요.

면담자   땅도 해놓으셨어요? 언제?

도언 아빠   꽤 됐죠. 아직은 못 갔어요, 여력이 안 되니까. 안타까운 거죠, 그런 부분들이. 행사 열 때마다 자꾸 그 테이프를, 그 화면을 틀더라고. 우리는 마음이 찢어지죠, 솔직히 그거 보면은. 다른 동영상들도 꽤 많은데, 도언이 동영상이 자기 뭐 발표할 때, 발표하는 애들끼리 찍은 그런 것들, 저도 서로 휴대폰에 저장이 돼가 있기는 한데, 거기에서 나온 애들 중에 [생존자가] 아무도 없을 거예요. 맞지, 아무도 없지. 한 명 있었나? 아니야 아무도 없었다.

거기가 아마 일곱 명인가 여덟 명인가 그래요. 나오는 애는 실질적으로 일곱 명인가 그럴 거예요. 근데 한 명은 찍어야 되잖아요. 그래서 거기 화면에서 나오지 못한 애가 한 명, 총 여덟 명일 거예요. 걔들이 아무도 없을 [거예요], 아마.

면담자   분향소 안 가시는 것도 그런 것도 영향이 있는 거예요? 아예 안 가세요?

도언 아빠   아니요. 아예 안 가는 거는 아니구요, 가기는 가요. 가기는 가는데, 좀 뭐라고 해야 되지? 시간이 가면 갈수록 이렇게 부모들하고 자꾸 대하는 거 자체가 좀… 별로 나는 썩 내키지가 않더라고. 그래서 제가 좀 꺼려했던 거[지요].

면담자   가시게 되면 누구라도 만나게 되고 그러시니까.

도언 아빠   그래서, 조금 그런 부분들이 좀 꺼리게 되는. 그래서 제가 잘 안 간 거 같아요, 다른 건 아니고. 이 사람[도언이 엄마]은 계속 활동을 해야 되니까 그 사람들하고 안 만나면 안 되니까, 어차피 계속 유지가 돼야 되는 거고, 저 같은 경우에는 활동을 하지 않으니까. 그 사람들하고, 그니까 크게….

면담자   지금 제일, 특별히 고민되거나 걱정되거나 하시는 거 있으세요?

도언 아빠   예, 딱 한 가지. 오래 살까 봐, 제일 걱정되는 게 그거예요, 오래 살까 봐. 이래 놓으면, 이렇게 이야기해 놓고 오래 살

도언 아빠 김기백

면 좀 웃긴 거죠. 좀 약간의 방향을 잃어버렸다고 해야 되나, 살아가는 방향을. 그 전에는 어떻게 하든지 한 푼이라도 더 벌어야지, 애들 뒷바라지를 할 수 있으니까 그런 생각으로 살았던 거 같은데, 뒷바라지해 주고 생활을 해야 된다는 생각으로 살았던 거 같은데, 이제는 그런 의미가 없어, 없어져 버린 거 같아, 자꾸만. 아직도 큰 애가 있긴 한데도, 대다수의, 저만 그런 생각을 가지는 게 아니라, 그런 생각을 가지고 있는 엄마, 아빠들이 되게 많은 거 같아요. 제가 생각해도, 저도 마찬가지고. 〈비공개〉

면담자   그 전에는 아버님이 목표를 가지시는 게 다 가족하고 어떻게든 다 결부가 되었던 것이겠네요? '우리 식구들 더 잘살았으면 좋겠다' 같은?

도언 아빠   그렇죠. 나도 조금 더 좋은 차 몰고 싶고, 좋은 집에 가서 살고 싶고, 그런 마음으로 사는 거죠, 그거는. 단 이유는 단 하나잖아요. 이렇게 좋은 집에서 살고, 좋은 차 가지고 다니고 막, 그러면 '너 좋은 거잖아' 할 수도 있겠지만, 나만 좋은 게 아니잖아요. 다 가족이 다 좋은 거니까, 그런 마음으로 산 거죠. 지금은 그런 의미가 없어져 버린 [거예요].

면담자   제일 영향을 많이 미치는 부분이, 그런 미래를 생각하고 사람들이 돈을 아끼거나 저축하거나 그러는 거잖아요. 건강을 돌보는 것도 그렇고. 그런 게 의미가 없어진 것 같다는 말씀이신 거죠?

도언 아빠   그렇죠. 별로 거기에 대해서 의미를 안 두는 거 같아요, 건강 [같은 거에는]. 뭐 나중에 미래 그런 것들은 지금 현재로서는 거기에 의미를 안 두는 거 같아요. 일단은 살아 있는 동안은 그냥 생활만 할 수 있는 정도만 되면, 그냥 어영부영 이렇게 살려고 하는 생각, 제가 생각해도 그런 거 같아요. 아등바등 살려고 하는, 그런 게 없어진 거 같아요.

8
추모공원 조성 문제

면담자   아직 진상 규명도 그렇고 아무것도 된 게 없는 상태인데, '어떻게 됐으면 좋겠다', 그런 생각을 하시나요?

도언 아빠   아, 진상 규명은 당연히 돼야 되는 게 분명한 거죠. 근데 저는 전에도 말씀드린 거처럼, 그거는 '단시일 내에 일어날 수 있는 일이 아니'라고 나는 이미 생각을 했기 때문에, 지금 현재로서는 크게 기대는 하고 있지 않습니다, 솔직히 말씀드리면. 그건 당연히 돼야 되는 일이긴 하지만, 시간이 좀 더 흘러야지 이거는 분명 밝혀질 거라는 생각[이 들어요]. 조금씩 조금씩, 한꺼번에 욕심으로 밝혀지는 것도 아닌, 욕심[대로] 치면 당장에라도 다 그게 다 밝혀지면 좋겠지만, 그렇지 못할 거라는 생각은 분명히 했고요. 그러고 또 한 가지는 뭐였죠? 물어보신 게?

도언 아빠 김기백

면담자   추모공원 말씀하시기도 했는데 구체적으로는 뭐가 당장 되어야 한다고 생각하시는지, 인양?

도언 아빠   그렇죠, 인양은 당연히 돼야 되겠고요. 지금 일단은 추모공원이 어느 정도 조성이 돼야 되지 않겠냐, 추모공원이 조성이 돼야지 지금 계속 활동하고 계시는 분들이, 엄마, 아빠들도 조금은 안정이 되지 않을까, 마음이. 약간 아이러니한 이야기지만, 미수습자분들[미수습자 가족분들] 계시지만, 여기에 계시는, 위에 있는 분들은 다 찾은 분들이잖아요. 저는 분명히 생각이 다를 거라고 생각을 해요, 사람은 다 생각이 똑같을 수가 없기 때문에. 그것도 일부분 미수습자 가족들도 마찬가지로, 우리가 계속 해결해야 될 일부분에 지나지 않다고. 미수습자분들도 마찬가지일 거예요. 인양이 돼서 찾았어, 만약에 진짜 운 좋게 찾았어. 어디다 둘 건데? 우리처럼 추모공원에 둘 수밖에 없잖아요. 그럼 그 사람들은 만약에 운 좋게 찾았을 때 추모공원에 바로 들어가면 얼마나 좋아요. 저는 그렇게 생각을 해요. 추모공원이 조성이 안 되고, 진짜 계속 앞전에 말씀드린 거처럼, 자꾸 거기에 대해서 반대하는 사람들이 자기 사익 때문에 그렇게 한다 그러면, 저는 그런 부분에 진짜 반대구요. 아예 안 하느니만 못하니까, '할 필요가 없다'고 생각을 [해요]. 들어오지 못하게 하니까 애들을 공원 자체에 들어오지 못하게 하니까, 그거는 의미가 없는 거예요. [애들이 없는 추모공원이] 무슨 의미가 있어요? 공원을 만들 이유가 없잖아요.

면담자   다른 장소에도 의미 없다고 생각하시는 거죠?

도언 아빠   지금 추모공원을 조성을 하려고 한다는 거는 안산에서 일어났기 때문에 안산에서 추모공원이 돼야 되잖아. 근데 안산에서 조성이 될 만한 곳이 없어요, 아무리 봐도. 여기 어딨습니까? 없잖아요. 어떻게 하다 보니까 화랑유원지 같은 경우에는 시유지잖아요. 어차피 이게 나라 땅이 됐든 시유지가 됐든, 개인 소유가 아니잖아요, 지금. 일단 거기는 부지가 있으니까, 교통편도 있고, 그런 부분들도 고려가 돼야 된다고 생각하거든요. 산꼭대기 지을 거 같으면 뭐 할라고 지어요?

면담자   그렇죠. 진도에 만들자고 하는 의견에 대해서는 어떻게 생각하세요?

도언 아빠   누가, 부모가 맨날 진도에 어떻게 갑니까? 갈 수 없잖아요. 다 집은 여기, 적들이 다 안산인데, 진도에 누가 가서 관리를 합니까? 관리를. 그것도 분명히 관리할 때 법인에서도 보니까 보통 일반인들하고 유가족들하고 합해서 거의 10인, 11인 체제 정도 이렇게 가더라구요, 다른 법인들도 다 보면. 결론은 진도에서 만약에 하게 되면 진도 사람들만 갈 수, 할 수 있다는 거잖아요.

면담자   여기 살고 계시는 분들이 거기에서 일을 할 수가 없는 것이군요.

도언 아빠   그죠. 그 사람들은 여기 있는 사람들, 기존에 원래 가지고 이루어져야 되는 사람들[이] 배제가 돼버리는 거죠. 의미가 없는 거죠, 연고지에다 어떻게 해야지.

면담자   그렇죠. 아까 도언이를 집으로 데리고 오고 싶다고 하셨는데 그렇게 생각하시게 된 특별한 계기가 있으세요?

도언 아빠   하도 너무 말들이 많으니까요, 거기에 대해서. 추모 공원 조성하는 거에 대한 반대라든지 그런 이야기들, 그런 것들을 너무 심하게 하니까. 저는 그게 싫더라고요, 그래서.

면담자   아주 먼 건 아니지만 그래도 서호가 세 군데 중에서 제일 멀리 있는 데죠?

도언 아빠   아마 그럴 겁니다. 서호가 제일 멀 겁니다, 거리상으로는. 거리상으로 효원하고도 비슷하겠다. 이게 동네가 웃긴 게 이게 평택이 이렇게 있으면, 평택, 서호가 있으면 이 뒤쪽에 이렇게 어디에 서호가 있을 거예요. 아마 평택으로 들어가는 건 아닌데, 거기는 화성으로 들어갈 거예요. (면담자 : 평택 경계?)

도언 아빠   거기서 조금만 오면 평택 추모공원이 나올 정도에 경계 비슷한 부근에 있을 거예요. 화성으로 들어가고 평택으로 들어가는 그럴 거예요. 근데 거리상으로는 아마 서호가 제일 멀긴 하겠지만 그다음에 효원 그럴 거예요, 가는 길이 약간 다르죠. 이렇게 둘러가야 되고 효원은 아마 이렇게…, 맞아, 둘러서 가야 될 거예요.

면담자   혹시 좀 떨어져 있어서 더 그런 마음 드신 건 아니세요?

도언 아빠   그건 아닌 거 같아요. 마음만 먹으면 맨날 뭐 집에서 백수 비슷하게, 백수도 아닌 백수처럼 살면서 내[가] 생각만 하면 갈 수 있는 덴데. 차 가지고 가면 한 3, 40분이면 가요, 서호까지. 금방 갈 수 있는 거리에요. 그냥 바람 쐰다고 생각하고 가면 은근 금방 가요. 그거는 별로, 거리 때문에 문제가 되고 하진 않은 거 같아요. 그냥 이렇게 시끄러우니까, 그럴 거 같으면 차라리 집에다 데려다 놓는 게 낫지 않을까 [싶다는 거지요].

면담자   집에 데리고 온다고 하는 건 어떤 의미인 거예요? 공원 조성된다고 해도 집에 데리고 계신다는 건지?

도언 아빠   공원이 만약에 조성이 된다고 그러면 데리고 올 수가 없겠죠, 거기에 다 애기들 둬야 되는 입장이니까. [그런데 만약 공원이] 조성이 되지 않는다 그러면 그렇게라도 하는 게 맞지 않을까 하는…. 된다 그러면 데려올 수가 없잖아요, 다 같이 둬야 하니까.

면담자   이게 논의되는 게 너무 의견이 갈리다 보니까.

도언 아빠   장난이 아닐 정도로, 싸우고 난리가 났으니까.

면담자   지역에 사시는 분들이 제일 심하게 반대를 하고 있는 것 같아요.

도언 아빠 김기백

도언 아빠　　　지금 지역에 사는 사람들하고의 토론을 하고 있으니까, 지역 사람들이죠.

면담자　　　시에서도 공청회 한다고 들었는데. 며칠 전에 공청회가 있었죠?

도언 아빠　　　그때도 난리가 아니었었어요.

면담자　　　아버님도 가셨어요?

도언 아빠　　　안 갔어요.

면담자　　　분명 싸우게 될 거 같다는 예상을 좀 하셨던 거죠?

도언 아빠　　　그건 뻔한 거죠. 누구라도 그렇게 생각을 했겠죠, 싸울 건. 그건 안 봐도 불 보듯 뻔한 거죠. 쉽게 그거를 허락할 이유가 없죠. 근데 허락하고 안 하고 간에, 뭐(한숨). 뭐 그런 식으로 이야기한다 그러면, '우리 욕심'이라고 이야기하는 사람도 있겠죠. 그렇게 자꾸 이야기하는 그런, "그건 너들 유가족의 욕심이지 않냐?" [하고 말하는 사람들 말이에요].

9
배·보상 문제

면담자　　　배·보상 문제도 얘기하셨는데, 실제로 보상받으신 부모님들은 아예 외부 활동을 안 하시는 건가요?

도언 아빠　　　거의 안 하는 걸로 알고 있어요, 그 사람들은. [활동
하는 부모들] 거의 지금 재판을 진행 중인 부모들일 거예요. 저도
얼핏 들었는데 우리가 "소송 건에 대해서 약간의 희망이 보인다"라
는 말이 돈 적이 있어요.

면담자　　　탄핵된 후인가요? 아니면 그 전이에요?

도언 아빠　　　탄핵되고 난 뒤였을 거예요. 근데 탄핵 문제 때문에
는 아니고, 일단은 소송 자체에서 법리로 따지는 거니까. 그 변호
사들이 "일단은 승소할 수 있는 확률이 크다"라는 식으로 변호사들
이 [말]했대요. 듣다 보니까 그게 부모들이 와서 활동한 건 아닌데,
할머니, 그[러]니까 조부[모]들이 와서 활동을 하셨던 분이 계시대
요, 배·보상을 받긴 받았는데.

면담자　　　부모님은 배·보상을 받았고, 할머니, 할아버지가 와
가지고 활동을 하신다는 말씀인가요?

도언 아빠　　　그런 소문이 돌고 나니까 안 오더래요, 웃기는 거죠.
그 배·보상, 예를 들어서 승소한다 그래도 그 돈이 그 돈이에요. 의
미만 승소를 하는 거, 그니까 의미만 승소를 해야지. 우리가 또 다
음에 뭔가를 재기를 하더라도 우리한테 유리하게 만들기 위해서
소송을 한 거지 돈 [때문에 소송한 것]은 [아니에요].

면담자　　　금액 때문에 그런 건 아니시지요.

도언 아빠　　　금액은 어차피 차이가 별로 안나요. 어차피 그 사람

들은 나라에서 주는 돈 받았잖아요. 그 차이 난다 해봤자 얼마나 난다고, 차이 나지도 않는데.

면담자   그런 게 있을 거라고 생각하고 마음이 상해서 안 나오게 된 거예요?

도언 아빠   그런다는 이야기도 들은 적이 있어요. 내 계산으로 했을 때는 그거 끽[기껏]해봤자 돈 2, 3000 정도, 3, 4000 차이 나나? 어차피 소송해서 1인당, 가구당 소송 금액이 크지도 않은데, 그거는 명분상 승소를 받으려고 했던 소송인데, 돈이 아니라. 그런다고 해서, 소송해서 만약에 돈을 갖다가 저희가, 어떤 사람들이 100원 받아갈 거 우리가 몇천을 받아 가는 것도 아니고, 그렇죠? 우리가 그 사람 100원 받을 때 우리가 200원 받았다 하더라도 문제가 심각해지겠죠. 그런 것도 아니잖아요. 근데 그렇게 생각하는 사람들 있어요.

면담자   그 배·보상 각서 쓰라고 하고, 신청받고 그랬었잖아요.

도언 아빠   맨날 전화 오고 문자 오고 그랬어요, 우린 안 갔죠.

면담자   그때 어떤 생각 드셨어요?

도언 아빠   어쨌든 무조건 저는 집사람하고 처음부터 그랬어요, 처음부터 소송할 거라고, 우리는. 배·보상 문제 나오기 전부터 우리는 분명히 소송 간다고, "소송으로 가야지 우리가 법리적으로 뭔가 이게 확정을 받아봐야지, 나중에라도 할 말이 생긴다"[고 말해왔어요]. 그 돈 없어도 살았으니까, 그 돈이 있다고[없다고] 해서 사는 게 못사는 거 아니잖아요, 잘사는 것도 아니고. 어차피 그 돈 없어도 다 살았는데, 뭔 걱정이 있어서.

면담자　　　　고민할 여지가 아예 없으셨던 거네요?

도언 아빠　　　그렇죠.

면담자　　　　처음부터.

도언 아빠　　　처음부터 그런 거는 고민한 거 없었던 거 같아요. "무조건 소송하자. 우리는 소송 가자"[고 했어요]. 아마 이게 단체로 해서 그런지는 모르겠는데…. 어떤 사람, 아 그 사람은 뭔가 과하게 뭔가 청구를 했던 거 같다. 어떤 사람은, 그 사람은 그거 청구해서 패소한 사람도 있어요.

면담자　　　　아예 기각된 건가요?

도언 아빠　　　그렇죠. 패소한 거죠, 패소. 기각이 아니고 패소, 그 사람이. 아마 어떤 부모 한 사람인가 누구[가 그랬던 거 같아요].

면담자　　　　따로 혼자서? 벌써 판결이 났어요?

도언 아빠　　　그렇죠. 벌써 3년이 다 돼가는데. 내가 알고 있기론 그런 사람도 있는 걸로 알고 있어요, 패소한 사람. 그러니까 과하게, 자기는 "이 배상 돈으로 승복 못 하겠다" 그래서 직접 변호사 찾아가서 그 사람 통해서 이제 소송을 제기했다가 패했다는 소리도 들은 거 같아.

면담자   그 부분이, 정부가 가장 크게 부모님들을 찢어놓은 거나 다름없는 거잖아요. 그 전과 후에 같이 만났다가 멀어지거나 혹시 그런 경우가 있으세요?

도언 아빠   부모들이요? 꽤 많죠, 그런 부분들이 꽤 많아요. 사람들이 좀 약간의 남의, 남의 생각을 너무 안 해주는 거 같아요. 그게 쉽게 말하면 배려를 안 한다는 거죠. 자기 위주의 생각이라든지 행동이라든지, 그런 것들을 하는 사람들이 너무 많아요. 그래서 저희들도 좀 같이 이렇게 잘 지내다가, 처음에는 잘 지내다가, 자주 만나고 술도 같이 자주 먹고 했던 사람들, 지금 안 만나는 사람들 꽤 있어요, 저희들.

면담자   그 생각의 차이라고 하는 게 어떨 때? 주로 정부하고 관계에서 나오는?

도언 아빠   아니죠, 일상적으로 우리가 지켜야 될 에티켓 같은 거 있잖아요. 그런 것들이 너무 없는 그런 부분들.

면담자   사소할 수도 있지만 그런 데서 마음이 이제 상하고 멀어지게 되고 그럴 수 있는 거네요?

도언 아빠   그렇죠. 그니까 약간, 사람이 제가 생각할 때는 좀 뭐라고 해야 되지, 이게 쓸데없는 자존심이 아니고 약간은 나도, '나 스스로 약간의, 조금이라도 자존심을 가지고 살아야 한다'는 생각이 들더라고. 어떤 부분이냐면 그 사람들한테 내세우고 그런 게 아니라, 내가 뭔가 이렇게 행동을 했을 때 내 스스로가 부끄러워 할 줄 알아야 되고 하는, 그런 자존심 있죠? 그런 것들이 없는 거예요. 말도 좀 함부로 하고, 함부로 하는 것도 있고, 자기 생각만 이야기를 하고, 자기 이익만 어떻게 해야 되고 그런 부분들 있죠. 그런 어떤 대립된 생각을 하게 되면 사람이 자연스럽게 정이 떨어지겠죠. 그런 부분들이, 그니까 예의가 없어지는 거지, 예의가. 저는 그런 거 되게 싫어하거든요. 그래서 좀 멀어진 가족들도 꽤 있어요. 제가, 저희들이 아예 안 보고 잘라버린.

면담자   어머니 입장에서는 근데 활동을 하고 계시다 보니까 똑같이 그러긴 쉽지 않을 거 같은데, 도언이 어머니는 어떠셨어요?

도언 아빠   아, 그 사람도 똑같아요. 어차피 그 사람하고 같이 맨날 만났으니까. 이 사람도, 도언 엄마도 마찬가지로 같이 맨날 만났던 사람들이기 때문에. 술 먹고 처음에는 그런 식으로 하게 되면 방금 말씀하신 거처럼, 약간 그런 부분들이 있겠죠. 그럼 가가지고 막 소문내고 그렇게 하겠죠. 근데 웃긴 게 뭐냐면 그때는 사람들이 모르는 거예요. 근데 그 사람하고 누군가하고 또 다른 사람하고 인연을 맺어서 막 다니잖아요? 이 사람이 만약에 또 그렇게 됐을 때, 이 사람이 또 떨어져 나오죠. 만약에 떨어져 나왔을 때, 이 사람도 만약에 그런 마음을 가지고 떨어져 나왔잖아요? 그럼 이 사람은 바보가 되는 거예요. 그렇잖아요. 우리 한 사람뿐만이 아니라, 우리 가족만이 아니고 여러 가족이 다 그렇게 생각했다 그러면 이 사람이 문제가 되는 거예요. 그런 부분들도 있어요, 가족 관계. 저는 그런 게 너무너무 싫어요. 그래서 분향소에 잘 안 나갑니다.

면담자　　　그런 것들을 얘기하기가 참 어렵죠?

도언 아빠　　그렇죠. 그러니까 만나면 막 그러니까, 아예 될 수 있으면 안 보려고. 그니까 이렇게 계속 생각 비슷했던 사람들끼리 한 몇 분들 자주 뵈는 분들이 있어요. 그분들이 다 [4·16기억]저장소에 계세요, 저장소에.

면담자　　　그건 꼭 반하고도 상관없을 수도 있고.

도언 아빠　　그렇죠.

면담자　　　마음 맞는 거는 다른 거니까.

도언 아빠　　그렇죠. 저희들은, 지금 저희 같은 경우에도, 제일 자주 보는 게 재강네라든지, 어차피 저장소에 이 사람이 [소장으로] 오면서 그 엄마들을 끌고 들어왔으니까. 그니까 맨날 농담 삼아, "도언 엄마 땜에 힘들어 죽겠다"고 그렇게 맨날 하시는 분들, 그분들이니까.

면담자　　　저장소 일 같이 보시는 어머니들이 저희와 같이 회의도 하고 회식도 하고 그랬었어요.

도언 아빠　　그 엄마들[을] 다 도언 엄마가 끌고 들어갔어요, 강제로. 거기 앉아 있는 엄마들, 그래서 맨날 원망하잖아요. "도언 엄마 때문에 힘들어 죽겠다"고. 저도 짜증나는데, 맨날 늦게 들어오니까 저도 싫은데, 그 엄마들은 오죽하겠습니까. 그런 알력들이 되게 많은 거 같아요. 그리고 또 한 가지가 뭐냐면 그거는 어느 정도 이해를 하긴 하는데, 뭔가 하면, 예를 들어 프로젝트가 만약에 이렇게 있다, 예를 들어 구술 아니면 뭐 인터뷰를 하니 아니면, (면담자 : 간담회) 너무 자기를 내세우려고 하는 거 있죠. 자기 애들을 부각시키고 그렇게 하려고 하는 사람들이 너무 많아요. 이렇게 보면, 어떨 때 한 번씩 보면 같잖지도 않아요, 난 그런 게 진짜 싫거든요.

면담자   자기 아이한테만 중심을 두고 활동하는 모습들 말씀하시는 거죠?

도언 아빠   그렇죠, 그런 게 너무 싫어요. 그런 거 보면 웃겨요, 나는. 그게 예의가 없는 거죠, 예의가.

면담자   같이 도모하는 행사에서도 그런 것들이 좀 나타나나요?

도언 아빠   그럼요. 그런 게 얼마나 많은데요, 알게 모르게. 웃기는 거죠, 그게. 다 똑같은 얘긴데 간담회에 지 애기[만] 부각시키라고 보낸 거 아니잖아요, 세월호 애기들, 애기들 이야기하러 보낸 거지. 그런 거 문제가 있는 거예요, 내가 볼 때는. 나도, 이렇게 이야기하고 있는 저도 문제가 있겠지만, 제가 볼 때는 너무 자기만 생각을 하는 자기만, 본인만, 주위 사람들 생각을 해줘야 되는데 본인 생각만 자꾸 하게 되니까, 문제가 자꾸 발생을 하지 않나 하는 생각[이 들어요].

면담자   아버님 보시기에는 지금 시간이 지나면서 그런 점이
더 강해지고 있나요?

도언 아빠   지금은 이제 분향소나 뭐 이런 데도 거의 없어요. 오
는 사람들이 거의 없어요. 그러니까 그런 갈등들이 조금은 없지 않
아 있을 수 있겠지만, 예전보다 덜하겠죠. 사람들이 그만큼 없으니까.

면담자   하긴 예전처럼 간담회나 행사 자체가 많거나 그렇지
도 않을 거고.

도언 아빠   예. 시간이 벌써 3년이 됐으니까, 그런 거 요청하는
사람도 별로 없고. 그니까 지금 거의 뭐….

10
탄핵 국면 즈음의 이야기

면담자   정치에 대해서는 아버님 크게 변화가 있으셨어요?

도언 아빠   저는.

면담자   여당을 지지하시는 것 같지는 않은데요?

도언 아빠   저는 오로지 지금까지 여당을 지지해 본 적은 한 번
도 없는 거 같아요, 야당 지지 쪽이지. 여당을 지지해 본 적은 [없어
요], 정치에 관해.

면담자   지금 정권 말고 이명박 정권 때도 원하는 대로 되지는 않으셨던 거네요.

도언 아빠   거의 그랬죠, 좀. 박근혜가 들어올 때, 18대 [대통령선거] 할 때도 불안했어요, 솔직히. '저 여자가 분명히 될 거 같다'는 생각. 그거는 그 여자가 똑똑하고 그런 게 아니고, 그 여자는 진짜 멍청한 여잔데 '아버지의 후광을 입어서 분명히 대통령이 될 수 있다'는 생각, 막연한 불안감[이 있었는데], 그게 맞아버렸어요.

면담자   작년 가을부터 이 국면에 와서는 좀 어떤 생각드세요?

도언 아빠   어떤 거?

면담자   지금 탄핵 이렇게 되고.

도언 아빠   아, 그거요.

면담자   결정까지 임박했는데.

도언 아빠   약간의 불안감을 안 가질 수가 없는데, 혹시나 기각될까 봐. 내가 볼 때는, 그 여자가 이야기를 하는 거, 말하는 거 자체도 참 바보스럽지 않습니까. 말 앞뒤도 안 맞고, 어떤 단어를 써야 되는지도 모르고. 그런 사람이 무슨 대통령을 해요, 웃기는 거죠.

면담자   이게 일상적인 대화 자체가….

도언 아빠   안 되죠. 어떤 단어를 써야 되는지도 모르는 사람이 무슨 대통령을 해요? 사람들은, 대다수의 정치인들은 말을 잘해야 되는데, 말을 잘해야지 정치를 한다는 건 아니지만, 그래도 상대방한테 뚜렷하게 자기가 가지고 있는 의사라든지, 의중 같은 거를 정확하게 전달은 해야 될 거 아니에요. 그런 것도 못하는 사람이 무슨 대통령을, 웃기는 거죠. 그래서 더 불안한 거예요, 기각될까 봐. 기각된다 그러면은 나라 꼬라지가 아마 말이 아닐 거예요.

면담자   탄핵이 인용도 되고, 만약에 정권 바뀌면 혹시 진상 규명에도 어떤 큰 변화가 있을까요? 어떻게 보세요?

도언 아빠   제가 말씀드렸잖아요. 시간이 더 지나야 된다니까요, 이거는.

면담자   제가 살아 있는 동안은 가능하겠죠?

도언 아빠   조금, 완전히 다 밝혀지진 않겠지만, 어느 정도는 밝혀질 수는 있겠죠.

면담자   아버님 살아 계시는 동안?

도언 아빠   저는 바람이 그거죠. 내 살아 있는 동안, 언제 죽을지 모르겠지만, 내 살아 있는 동안에는 그래도 그 새끼들이 왜 아무 짓도 안 했고, 고소한다 해놓고 아무 짓도 안 했으면서 고소했다 그러고. 우리는 그걸 철석같이 믿었는데, 제가 그거를 동거차도에 가서 알았어요. 거기에 동거차도에 우리 애들 그렇게 할 때, 이게 우리나라 언론 새끼들이 다 동거차도 거기 가서 진 치고 앉아서 촬영했었다고 그러더라고요, 다. 웃기는 거지. 그러면서 하나도 그

촬영분에 대해서 방송을 내보낸 적이 한 번도 없잖아요. 그 동거차도에 기자 새끼부터 시작을 해서 공수부대 애새끼들까지도 다 있었대요. 상주를 하고 있었대요, 언제 투입이 될지 모르는 상황처럼 해가지고. 근데도 안 했잖아. 우리는 하는 줄 알았어요. 왜 안 했는지를 알아야 되잖아요.

내가, 내가 그냥 간단하게 생각을 해도, 그 새끼들이 적극적으로 했으면 최소한 3분의 1은 지금 살아 있을 수도 있을 거예요. 지금 애들 중에, 지금 없는 애들 중에 아무리 못 해도 3분의 1 정도는 살아 있을 수도 있어요. 그 짓을 안 했다는 거예요, 걔들은. 거기에 난 분노를 하는 [거예요]. 꼭 내 애기가 살아날 거라는 이야기가 아니라, 내 애기가 아니더라도 분명히 그중에 지금 없는 애기들 중에 3분의 1은 [살 수] 있었을 거예요.

면담자   당연히 여러 군데 책임이 다 있겠지만, 결국은 최종 책임이 대통령한테 있다고 생각하시는 건가요?

도언 아빠   아니라잖아, 지는. 지는 할 거 다 했다잖아요.

면담자   지금 이 국면이 되면서 제일 궁금해하는 게, 그날 대통령은 대체 뭐 하고 있었는가 하는 거죠. 가족분들뿐만이 아니라 전 국민들이 다 궁금해하는 거 같은데, 온갖 의혹들이 많이 방송도 됐었잖아요. 그런 거 보실 때 마음이 어떠셨어요?

도언 아빠   좀 더 부각되는 건 좋았죠.

면담자   아, 수면 위로 이제 올라오게 된 것 같아서요?

도언 아빠   그래서 어느 정도 이슈화돼야지 저희들도 할 말을
할 수 있으니까. 처음에는 조금 반짝했는데, 그다음 해부터 광화문
에 가면 사람들이 아주 벌레 보듯이 봤어요, 저희들을. 광화문에
있을 때. 일단은 그런 식으로 이 정권에, 정권에 있는 새끼들이 만
들어놨기 때문에, 분위기 자체를. 광화문에 갔었을 때는, 이 일이
터지기 전에는, 사람들이 쳐다보지도 않았어요, 잘. 처음에만 그랬
지[호응해 주었지].

면담자   차벽 쌓고 어머니 거기에 들어가시고 그 무렵에도요?

도언 아빠   그럼요. 그때도 도와주는 사람들도 그거 다 보면 민
주노총 애들하고 그런 애들 있죠, 그런 애들 올라와서 그러고 했
지. 일반 시민들도 꽤 많긴 했죠, 끝까지 도와주신 분들은 알아요,
저도. 근데 대다수의 사람들이 눈길도 안 줬어요. "미쳤다" 그러고
욕하고 가고 그랬는데, 보통 일반 시민들이. 이제 이게 이번에 수
면으로 오르면서 모든 사람들이 또다시 한번 광화문 분향소에서
분향하고 그러고 그러잖아요, 다시. 그 전에는 그렇게 안 했었어
요, 처음 빼고.

저희들은 좀 뭐라고 해야 되지? 거의 한 1년 반 정도, 1년 반 이
상은 되겠구나, 1년 반 이상을 거의 그냥 마음 졸이면서 살았다고
봐야 되죠. 그때는 손가락질하고 욕하고 그랬으니까. 그게 나는 이
해가 안 되는 게, 자기가 하기 싫고 그냥 표현하기 싫으면 입 다물

고 있으면 되는데, 거기에 대해서 왜 꼭 그런 식으로 표현을 하는지, 나 이해가 안 돼요, 사람들이. 내가 생각을 할 때, 자기가 신경 쓰기 싫다 그러면 신경을 안 쓰면 되잖아요. 그렇다고 자기들한테 피해가 가는 것도 아니고. 사람이 "입을 다물고 가끔 조용히 살면 뭐 불이익이 온다"라고 이야기는 하지만, 그래도 그런 사람들 앞에서 그런 식으로 이야기하면서 살아갈 필요까지는 없다고 난 생각을 하거든.

우리뿐만이 아니라 다른 그런 아픔을 가진 사람들 많잖아요. 군이 내가 동정을 못할망정 재는 뿌리지는 말아야죠. 저는 그렇게 생각해요. 그리고 여지껏 이 나이 먹도록 그렇게 살았고요. 그런 사람들한테 진짜 이상한 눈길로 쳐다본 적도 없고, 욕을 한 적도 없고, 난 그렇게 살았는데. 사람마다 다 똑같은 사람은 아니지만.

11
유가족들을 힘들게 만드는 정치 상황들

면담자　　험한 말 중에 인상적인 기억이 있으세요?

도언 아빠　　그때가 언제였지? 15년이었는데, 15년 몇 월 달이었더라, 가을이었나? 안산에서 광화문까지 도보로 [갔을 때인데]. 가을이 맞나? 가을인지 아닌지 기억이 안 나네. 안산에서 출발해서 여기에서 벗어나면서 도로에서부터 막 나이든 늙은 할머니나 이런 사람들이 서 있어서.

면담자   삭발식 했던 때였나요?

도언 아빠   그게 아마 광화문에 도착을 해서 삭발을 했나? 그거
는 잘 모르겠는데, 그때 도보로 애들.

면담자   예, 1박 2일 도보. 4월이었어요.

도언 아빠   4월이었어요? (면담자 : 예) 근데 여기 도로가에 서서
나이 든 사람들이, 그것도 나이 젊은 사람들은 좀 덜해요, 그래도.
나이 든 사람들이 막 욕하고 그런 것들. 그리고 서울에 가니까 서울
에서도 마찬가지로 똑같이 나이 든, 늙은 사람들이 욕을 해요. "미
친 새끼들"이라고 그러고 쌍욕 하고. 황당했죠. 죄인이 된다, 죄인
아닌 죄인, 공인 아닌 공인, 그렇게 돼요, 이 세상에서. 그렇게 분위
기를 만들어야지 저그들한테 편하니까. 그거는 내가 앞으로 이렇게
죽을 때까지, 죽기 전에 또 이런 아픔을 겪을 수도 있겠죠. 그거는
누구도 모르는 일이기 때문에, 겪어본 사람만이 아는 [거거든요], 겪
어본 사람만. 겪어보지 않고서는 그거를 이해를 한다는 거는 거짓
말인 거 같아요. 주위의 눈총들… 막 숨어서 사는 듯한 그런 기분,
좀 대다수의 사람들이 그렇게 우리를 보니까. 우리가 만약에 배·보
상을 안 받았다 그러면은 분위기가 또 달라질 수도 있어요.

면담자   아무도 안 받으셨다 하면.

도언 아빠   아니요, 아니요. 그런 돈 문제에 관련이 안 됐다

그러면.

면담자　　아예 안 됐다 그러면은. 어떻게 보면 정부가 정말로 그렇게 만들어버린 거다 싶어요.

도언 아빠　　돈에 관련이 되면, 제가 앞전에 말씀드렸던 두 부류가 생긴다고. 그런 사람이 생기면서 욕을 하는 거예요. 그게 첫 번째가 그런 식이 되는 거[예요].

면담자　　어떤 생각 드세요? 순서가 완전히 잘못된 거잖아요. 진상 규명이 다 되고 난 뒤에, 그다음에 마지막 단계에서나 얘기가 돼야 되는 걸 텐데, 어떻게 보면 아무것도 안 하고 정부가 돈 얘기부터 먼저 가지고 나온 셈이니까.

도언 아빠　　정부 쪽에서는 그렇게 해야죠, 당연히. 그렇게 해야지 걔들이 무마를 시키잖아요. 그리고 세력을 흩뜨려 놓잖아요. 규모를 적게 만들고. 이유가 있는 거죠, 그렇게. 왜? 생활이 힘든 사람들은, 돈이 없으니까 그거라도 받아서 생활을 해야 되거든, 솔직히 말하면은. 그렇잖아요? 보니까 그래도 이혼해서 편모나 편부 가정에서 막 살고 있던 애들도 많고, 그러고 보니까 뚜렷한 직장이나 이런 것들도 없이 힘들게 살았던 분들 많았고 그렇던데 보니까, 그런 사람들[이] 생활[을] 어떻게 해요? [보상이라도] 받아야지 생활하잖아요, 그쵸? 돈 없으면 못 먹고살잖아요, 돈 있어야지 먹고살지. 그런 사람들 비난하고 싶은 생각 없습니다. 빨리 배·보상받아서 생활은 해야 되니까 일단… 받아갔다고 해서 그 부모에 대해서 비난을 하지 않습니다. 받아서 먹고 살아야지, 아픔을, 어차피 그분들도 아픔을 끝까지 안고 살 거니까, 어차피. 정부에서는 할 수 있는 [것이] 그것밖에 없잖아요, 최우선. 그렇게 해야지 세력을 약화시켜 놔야지 자기들이 대하기도 좋거든. 그건 기본이잖아요, 첫 번째잖아요. 데모해도 그러잖아요. 데모할라면 그렇게 그 새끼들 그렇게 해요, 한 놈만 잡아가요. 그럼 불안하거든. 저 새끼가, 잡혀갈 새끼가 어떻게 할지 모르니까. '나를 부는 거 아냐? 나도 딸려[잡혀]가는 거 아니야?' 그런 불안감을 조성을 시키는 거죠. 조금씩, 조금씩.

면담자   어떻게 그렇게 잘 아세요?

도언 아빠   저도 해봤으니까요. 제가 그랬잖아요.

면담자   고등학교 때?

도언 아빠   아니죠, 대학.

면담자   대학 다니실 때.

도언 아빠   그래서 학교를 그만뒀어요. 맞아도 봤어요, 난. 무서워요, 그거. 사람, 얼마나 무서운데요.

면담자   구치소에 며칠 가신 적도 있으셨어요?

도언 아빠   길바닥에서 맞고 그래요, 그때는. 몽둥이로 뚜드려패고 그랬을 땐데, 그때는. 우리가 막 그러고 난 뒤에, 삼청교육대 [끌려가고] 무서운 시대였어요, 그때는. 아주 무서운 시대였어요, 그때는. 그래서 나는 이렇게 그 새끼들 보면 트라우마가 있다니까요,

솔직히 말하면.

면담자   지금도 광장에 바리게이트 치고 경찰들 무장하고 있고 그런 거 보면 좀?

도언 아빠   막 욕은 하죠. 욕은 하면서도 나도 모르게, 마음 한쪽 구석에 그런 걸 가지고 있는 거죠. 예전처럼 그렇게는 못 하죠. 그렇게는 못 하지만, 그래도 어쨌든 공권력이기 때문에 잡아가면 잡혀가야 돼요, 찍소리도 못 하고 어차피. 그렇다고 잡혀간다고 해서 요즘 옛날처럼 그렇게 못 하죠, 그렇겐 할 수가 없으니까.

면담자   예전에는 고문도 하고 그랬으니까….

도언 아빠   가면은 두드려 맞는 거예요. 버스 안에서도 막 두드려 패는데, 거기 가서 때리는 게 아니고 길거리에서 때리고, 안에 버스에서도 때리는데, 그때는 그게 묵인됐던 시대예요. 학교에 등교를 안 시켰어요, 학생들을. 앞에서 교문에서 지키고 서서, 데모할까 봐. 웃기지도 않았어요, 세상이. 그때, 무서운 세상, 무서운.

면담자   그게 아버님 학교 그만두시는 데도 영향을 미친 건가요?

도언 아빠   영향 있었죠, 싫었던 것도 많고. 친구 놈들도 잘린 놈들 많아요. 광주에 있는 그 새끼도 그렇게 해서 학교 그만두고, 조[선]대 다니다 그만두고.

면담자   그런데도 또다시 돌아와서 그렇게 박근혜가 된 걸 보면, 참.

도언 아빠   그런 소리 하면 안 되는데, 저도 '똑바른 생각을 가지고 똑바른 사상을 가지고 살아왔다' 생각하진 않아요. 〈비공개〉 나이가 들었다 하더라도 생각은 할 줄 알아야죠. 무작정 그렇게 저런 식으로 행동하는 거는 문제가 있는 거예요, 나이 들어서. 진짜 문제 있어요. 저희들도 이제, 저도 좀 있으면 할아버지 소리 들을 나이인데 진짜 똑바로 살아야 돼요, 나이 먹으면 먹을수록. 말도 조심해야 돼요. 나이가 먹으면 먹을수록 말을 한마디 하더라도 더 조심해야죠. 그게 아니잖아요. 나이 먹고 저게 무슨 추태예요? 그 사람들도 분명히 뭔가 그런 마음으로, 가지고 오는 사람도 있겠죠. 진짜 진정한 마음으로 그런 마음으로 오는 사람도 있겠지만, 대다수의 사람들이 그런 사람 아니라는 거죠. 그게 문제가 되는 거죠. 이상한, 그런 부분에서 동원이 돼서 그렇게 된다는 거는, 그거는 잘못된 거죠. 나이 들더라도 진짜 생각하고 살아야지. 〈비공개〉

면담자   점점 더 사람들이 오래 사니까 노인은 더 많이 늘어나고.

도언 아빠   큰일이라니까요, 제가 보기에는. 아니, 치매 걸린 노인을 자식들이 손잡고 투표하잖아요. 뭘 안다고 투표를 해요. 웃기는 거죠, 그게. 그니까 연령을 제한을 둬야 돼, 투표는. 아무나 투표를 할 수 있는 게 아니고, 나이 들면 뭐든지 다 없애버려야 돼. 요즘은 이제 나이 든 사람에 대한 공경심이 없어졌어요. 지나가다 보면 폐지 줍는 사람들 보면 막 눈물 나거든요, 이렇게 쳐다보고 있으면. 요즘은 그런 게 없습니다. 〈비공개〉 그 사람들한테 어떻게 하든지 간에 내가 뭔가 베풀 수는 없지만, 뭔가 어떡하든지 내 마음이나, 이렇게라도 표현[하려고 했던 것들], 그런 게 없어져 버렸어요. 나이 들은 사람들[에 대해서].

면담자   지금 너무 정말 몰상식하게 나오니까.

도언 아빠   아…(한숨) 그 사람도 그 사람 나름대로의 삶이 있겠죠, 아고.

〈비공개〉

12
진상 규명 후 이후의 삶, 그리고 당부하고 싶은 말

면담자   시간이 오래 걸린다고 하셨지만, 생각보다 진상 규명이 빨리 되고 나면 그다음에 어떻게 살면 좋을까 생각하세요?

도언 아빠   집사람 잘 꼬셔서 일단은 어디든지 떠야 될 거 같아요.

면담자   더 살기 좋은 나라로?

도언 아빠   뭐 외국으로 나가든 아니면 시골로 가든, 둘 중에 하나는 선택을 해야 되지 않을까 생각[해요]. 더 이상 안산에 있을 이유가 없잖아요. 지금은 아직은 그런 부분들이 해결이 안 됐으니까,

도언 아빠 김기백

해결 되고 나면은 그게 차라리 더 낫지 않을까 생각을 해요.

면담자   아주 구체적으론 아니어도 일단 굳이 안산에 계속 계실 이유를 찾기는 좀 어렵겠다고 생각하시는 것 같아요.

도언 아빠   굳이 있을 이유가 없을 거 같아. 뭐 생활비가 좀 부족하면 그냥 알바하러 오면 되니까, 어차피. 우리나라에 있다 그러면은 알바하면 되니까, 내가 기력이 있는 동안은. 제가 제조하는, 제조업은 그래도 기술 제조기 때문에 쉽게 말하면 핸드메이드[수제]하고 똑같은 제조예요, 저희들은. 기계를 제작을 하더라도, 기계가 비싸요 좀, 가격이. 지금은 기술자들이 별로 없어요. 애들이 안 배울라 그래요, 젊은 사람들이.

면담자   판금하고 그런 식인가요?

도언 아빠   아니, 기계를 만드는 일이죠.

면담자   아예 생산을 하시는 거예요?

도언 아빠   직접 손으로 기계를 만드는 거죠. (면담자 : 제작을?) 기계를 제작을 하는, 그니까 비싼 거는.

면담자   주로 어디? 공장에서 직접 돌리는 기계요?

도언 아빠   자동화 기계. 공장에서 직접 돌리는 기계예요, 전부 다.

면담자   그 기계도 점점 기술이 발전되고 있는 건가요?

도언 아빠   그렇죠, 발전이 되고 있죠. 이런 것들이 쉽게 말하면 가끔 뉴스에 보면, 대기업에 이렇게 보면, 사람들이 일할 때 막 하얀색 복장 입고 이렇게 앉아서 조립하고 그러는데 로봇들이 찍 와서 가져가[고] 그런 거 있죠? 그런 자동화 쪽 일을 저희들이 [해요]. 그니까 로봇이 그 부품을 찍어서 원하는 모양대로 딱 거기에 갖다 놔야지 조립이 되잖아요. 그 부품을 여기에 올릴 수 있는 모양대로 만들어 주는 기계를 저희들이 제작[하는 거예요], 저희들이 하는 일이. 그래서 약간의 기술을 좀 터득을 하고 나면 [할 수 있는데], [그게] 오래 걸려요, 근데. 기술만 터득을 했다고 해서 되는 일은 아니구요, 머리가 잘 돌아가야 돼요.

면담자   아버님은 동서하고 같이하실 때, 기술은 이미 그때 다 익히신 건가요?

도언 아빠   그 전에 이미 직장생활 하면서 이제 배웠죠, 다. 저희들 기계들이 손으로 다 만드는 거예요, 이런 것들을. 그러면, 여기 보면 요게 요기에 요런 길들이 있죠. 길 따라, 길 따라 있잖아요. 이런 부품들이 있을 건데, 여기 안에 부품 있지(핸드폰 사진을 보여주며).

면담자   (놀람) 이게 안에 뒤집은 게 아까 그 사진이죠?

도언 아빠   똑같이 그 사람들이 원하는 모양대로 나가게끔, 반대로 나가면 안 되고 원하는 모양대로만 나가게끔, 얘가, 이게 자동으로 진동에 의해서 막 타고 올라와서 움직여요. 이렇게 가요,

애들이. 이런 기계를 손으로 만드는 거예요.

면담자　　　아, 이 틀도 그렇고, 안에 들어가는 부품도 그렇고 다 하나의 세트인 거예요?

도언 아빠　　부품은 그 사람들이 가져와서 이런 부품을 여기에다가 [넣어달라고] 그러면 저희들이 제작을 하는 거예요.

면담자　　　이거에 맞춰서 이제 기계를 만들어주시는 거예요? 그래서 주문 생산을 할 수밖에 없겠네요? 이 부품에 맞는 기계를 만들어야 되니까.

도언 아빠　　핸드메이드에요, 핸드메이드 이게. 손으로 다 이렇게 하는 거예요.

면담자　　　직접 이거를 만드시는 거는 손을 떼신 거고, 주로 오이엠 방식으로 지금 하시는 거예요?

도언 아빠　　예, [직접] 하기도 하고요. 돈이 아쉬우면, 제가 직접 하면 돈이 더 되니까. 좀 일이 좀 많으면 오이엠도 주고 그러는데, 보통 이런 것도 위에 이렇게 하나 만들어주면 거의가 가격이 거의 200~300만 원 정도 해요, 요렇게 하나가. 그러면 요 정도 되면 하나를 저희들이 좀 신경 써서 빨리, 이게 어떻게 구상을 하냐에 따라 다르니까.

면담자　　　그렇겠네요. 어떻게 돌아가는지가 딱 머릿속에 그려져야 할 수 있는 일이네요.

도언 아빠   머릿속에 딱 구상이 되고, '아 이렇게 해서 이렇게 되면, 부품이 똑같은 방향으로 갈 수 있다'라고 구상이 딱 되면, 어떨 때는 2, 3일 만에 만들 수도 있고, 막 되게 어려운 것들은 한 달 내내 해도 안 되는 게 있고, 그건 그래요 저희들이. 이런 것들은 2, 300만 하는 게 2, 3일 만에 만들었다 그럼 하루 일당이 100만 원. 근데 오래 걸려버리면 문제가 되는 거죠. 까먹는 거죠, 그렇게 되면.

면담자   기술뿐만 아니라 공정이 잘 돌아가야지 제작이 빨리 되는 거네요.

도언 아빠   그렇죠. 젊은 사람들이 안 하려 그래요, 이걸. 힘들다고.

면담자   기술이 있어야 되고.

도언 아빠   배워야 돼요. 몇 년을 배워도, 몇 년을 배우기도 해야 되고 센스도 있어야 되고. 몇 년을 배워도, 맨날 그 사람이, 가르치는 사람이 '요건 요렇게, 저건 저렇게' 그렇게 해야지 만들 정도면 안 되구요.

면담자   돌아가는 감각이 있어야 될 거 같은데.

도언 아빠   빨라야 돼요, 그래야지 이제.

면담자   그렇네요. 그럼 계속 업계는 유지되는.

도언 아빠   이 기계는 없어질 수가 없어요. 얘가 없으면 자동으로 조립을 할 수가 없어요. 요즘 기계가 뭘 만들 때도 다 자동으로 다 하잖아요. 얘가 이걸, 적용이 되는 게, 기계 부품으로만 적용되는 게 아니에요. 만약에 예를 들어서 크래커가 있다, 얘가 하나씩 쫙 나가면서 포장이 돼야 되잖아요. 그런 것도 해요. 초콜릿도 이렇게 포장이 되잖아요.

면담자   자르고 딱 맞게 포장하고.

도언 아빠   그런 것도 다해요.

면담자   생산직에는 거의 전 영역에 다 들어갈 수 있는 기계인 셈인 거네요.

도언 아빠   약품회사에도 제약회사에도 돌아서 포장을 해야 되니까, 포장을 착착착착 해야 되니까. 음식도 마찬가지, 젤리뽀 같은 그런 거. 비싼 것들 어떤 것들은 이런 거 하나 만들면 1500, 2000만 원씩. 요만한데 몇천만 원하는 것도 있구요.

면담자   그런 건 진짜 세밀한 그 기술이 중요한 일이네요. 근데 확실히 집중을 해야 되는 일이라서 더 힘드실 수 있을 거 같아요.

도언 아빠   그런 부분도 없지 않아 있죠.

면담자   단순히 노동을 하시는 게 아니니까.

도언 아빠   조금만 잘못하면 AS하러 다닌다고 정신을 못 차려요. 이 일은 조금만 잘못하면, 그러면은 다 마이너스 돼요, 마이너스.

면담자　　　아버님이 그냥 직장에 다니시거나 이러면 혹시 또 일을 하셨을 수도 있지 않을까, 그런 생각은 안 해보셨어요?

도언 아빠　　그럴지도 모르죠. 직장생활 하면 어차피 얽매여 있으니까 그렇게 했을 수도 있겠죠. 저희들 같은 이런 제작을 하는 기술자들은 지금도 취직은 해요.

면담자　　　큰 기업에?

도언 아빠　　아니요, 이거 제작하는 [작은 업체들요].

면담자　　　제작하는 업체에.

도언 아빠　　예. 기술자들이 모자라니까, 없으니까. 그러니까 웬만큼 취직은 할 수 있어요. 근데 취직은 누가 취직하겠어, 이 나이에. 지금도 내가 이렇게 힘만 있으면 사업 접고 그냥 직원으로 월급쟁이 생활하려면 얼마든지 할 수 있어요, 저희들 같은 경우에는. 내가 하기 싫을 뿐이지. 젊은 사람들 배워놓으면 좋은데 안 배우고, 돈을… 내가 가끔 보는 애가 있는데, 걔가 뭐 하더라. 아, 들었는데 까먹었네. 그림 그리는데 컴퓨터로 뭐 그림 그리고. (면담자 : 캐드?) 캐드도 아니구요. 뭐더라… 게임해서 이렇게 하는 그런 거 있죠. 그런 쪽에서 그림 그리고 그런 거 같던데.

면담자　　　웹 디자인?

도언 아빠　　아, 예, 예. 그런 거 비슷한 거예요. "야, 너 월급 얼마나 받아?" 이러니까, 얼마 받더라… 연봉이 2000만 원이라 했나?

190

도언 아빠 김기백

2000만 원이 채 안 됐나? □□ 대학까지 나왔어요. 좀 그렇죠, 그거
는. 언제 잘릴지도 모르잖아요. 근데 우리는 저희 같은 일은 배워
두면 잘릴 일은 없어요. 자기가 열심히만 하면, [인력이] 모자라니
까. 사람이 없으니까, 젊은 사람이 안 한다 하니까.

면담자   저도 아는 사람 있으면 일을 좀 배워보라고 하고 싶
은데(웃음).

도언 아빠   근데 힘들어서 안 할라 그래요. 머리가, 스트레스 되
게 많이 받는 일이에요.

면담자   이게 자동으로 되려고 하면 정말 집중을 많이 해서
만들어야 되는 거겠어요.

도언 아빠   제가 생각해도 솔직히 권해주고 싶은 일은 아니에
요, 힘드니까.

면담자   아버님이 젊었을 때 열심히 하셔서가지고 지금 기술이
익숙해지고.

도언 아빠   아니에요. 저도 처음에 나이 들어서 배웠어요, 결혼
해서 배웠는데.

면담자   네. 30대 시작하신 거예요?

도언 아빠   그니까 늦게 배운 거죠. 다른 사람들은 다 뭐 20대
초반 이렇게 배웠는데.

면담자　　　독립하신 게, 빨리 하신 편 아니세요, 기술 배우고 나서는?

도언 아빠　　　빨리, 아니 제가 두 번째예요, 두 번째. 한 번 했다가 접고, 직장생활 다시 하다가 다시 오픈[한 거죠].

면담자　　　마무리를 하려고 하는데요. 이게 기록에 남겨두려고 하는 거니까 남기고 싶으신 이야기 있으시면 해주세요.

도언 아빠　　　음…… 꼭 하고 싶다는 건, 보통 대개의 사람들이 아까도 말씀드린 거처럼, 지금 우리 애들을 잊는다고 해서 거기에 대한 비난을 할 수 없는 부분이고, 하지도 않을뿐더러, 그런 생각도 안 하니까, 그냥 [우리한테도] 비난만 좀 안 했으면 [좋겠어요]. 보통의 사람들, 언제 누군가가 어떻게 이런 일이 또 생길지 모르는 일이기 때문에, 지금 현재, 내가 아까도 말씀드린 거처럼, 지금도 그런 입장에 처해 있지만, '내가 죽기 전에 또 한 번 이런 일이 생길 수도 있는 일이기 때문에, 항상 그런 부분들에 대해서는 누군가의 입장에서 비판이라기보다는 한 번 정도 생각은 좀 하고 이야기를 하는 게 낫지 않을까' 하는, 그렇게 했음[했으면] 좋겠다…. '그래야지 좀 더 세상이 따뜻해지지 않을까' 하는 생각. 이상입니다.

면담자　　　네, 네. 긴 시간 동안 말씀해 주셔서 감사드리고요. 이것으로 3차 구술을 모두 마치도록 하겠습니다.

도언 아빠　　　수고하셨습니다.

도언 아빠 김기백

4·16구술증언록 단원고 2학년 3반 제11권

그날을 말하다 도언 아빠 김기백

ⓒ 4·16기억저장소, 2019

기획 편집 4·16기억저장소 | 지원 협조 (사)4·16세월호참사가족협의회
펴낸이 김종수 | 펴낸곳 한울엠플러스(주)
초판 1쇄 인쇄 2019년 4월 1일 | 초판 1쇄 발행 2019년 4월 16일
주소 10881 경기도 파주시 광인사길 153 한울시소빌딩 3층
전화 031-955-0655 | 팩스 031-955-0656 | 홈페이지 www.hanulmplus.kr
등록번호 제406-2015-000143호

Printed in Korea.
ISBN 978-89-460-6723-3 04300
      978-89-460-6700-4 (세트)
* 책값은 겉표지에 표시되어 있습니다.